卖贵

——缔造名牌的商业策略

SOLD AT A HIGH PRICE
THE COMMERCIAL STRATEGY TO BUILD A FAMOUS BRAND

高雯琪·著

中国商业出版社

目录

第一章　狂恋名牌的中国人
　　第一节　国字号背后的路易·威登（Louis Vuitton）　1
　　第二节　乔布斯是怎么改变世界的？　6
　　第三节　香奈儿（Chanel）的秘密　10
　　第四节　让女性无法拒绝的雅诗兰黛（Estée Lauder）　14
　　第五节　乔治·阿玛尼（Giorgio Armani）香港金像奖的"最佳主角"　18

第二章　挡不住的消费热潮
　　第一节　星巴克涨价连累山东煎饼卖贵　22
　　第二节　各大品牌攻城掠地　27
　　第三节　越是贵的东西越是有人买　32
　　第四节　真的需要这么多跑车吗？　36
　　第五节　横扫巴黎的"黄种人"　41

第六节　中国市场成了名牌的猎场　46

第三章　中国消费品：非典型的复兴盛世
　　　第一节　为什么中国商品比美国贵？　51
　　　第二节　"不差钱"的先富者　56
　　　第三节　迷信"洋品牌"的消费理念　61
　　　第四节　"80后"扎堆儿的提前消费　66
　　　第五节　炫耀性消费　71

第四章　"名牌拜物教"的猖獗
　　　第一节　比上帝还上帝的"教主"——创始人　76
　　　第二节　消费者顶礼的图腾——名牌　81
　　　第三节　名牌拜物教的祭品　85
　　　第四节　品牌的DNA密码　87
　　　第五节　名牌拜物教的鼓吹手——明星　93
　　　第六节　经销商都是谎话连篇的"骗子"　97

第五章　只卖贵的，不卖对的
　　　第一节　国人的购买力到底如何？　103
　　　第二节　只卖贵的VS只卖对的　108
　　　第三节　低调还是张扬？　112
　　　第四节　物美价廉＝利润薄？　117
　　　第五节　假货、黑市、仿造　122
　　　第六节　宾利（Bentley）车内的无灵魂生物　127

第六章　"中国制造"还能走多远？
　　　第一节　强大的"中国制造"　132

第二节　芬迪（Fendi）为何拒绝中国人入内　137
　　第三节　射向"中国制造"的冷箭　141
　　第四节　山寨思路的死胡同　147
　　第五节　从"制造"到"创造"　151
第七章　如何把水卖到黄金的价格？
　　第一节　拉菲的"中国价格"　157
　　第二节　顶级服务就是"量身定做"　162
　　第三节　给顾客镀一层"名门"的金　166
　　第四节　杰尼亚（Zegna）后面的500双手　170
　　第五节　把成功穿到身上　175
　　第六节　嗷嗷待哺的市场　179

第一章　狂恋名牌的中国人

第一节　国字号背后的路易·威登（Louis Vuitton）

德国著名经济学家拉茨勒曾经对奢侈品做过这样的解释，他说："奢侈的含义是由不同社会、社会结构、社会文化内涵以及经济条件所决定的……在新经济下，奢侈的概念已经变成为包括物质成分和非物质成分的奢侈，奢侈成为一种时尚，成为追求高品位和精致考究生活的一种方式。"

随着时间的推移，消费者对奢侈品的消费态度也发生了日新月异的变化。人们消费不再是为了追求物质生活上的满足，更多的还是在追求精神生活的品味和时尚，市场上奢侈品品牌与日俱增的销售业绩就足以证明这一点。

国字号背后的路易·威登（Louis Vuitton）就是在新经济条件下，不断满足人们日益变化的物质和非物质消费需求，成功地在中国市场上扎根的一个世界级奢侈品品牌。

作为第一批进入中国市场的奢侈品品牌的LV，应该算是普通消费者最先接触到的世界级奢侈品品牌了。面对奢侈品的消费热潮，普通人总是不明白，"普通"的一个箱包就可以以最低上万的标价出现在专卖店或者旗舰店中，更让他们不明白的是，为什么总是有那么多人为了得到LV包包，可以用自己几个月甚至一年的积蓄作为交换。甚至LV很多限量款的包包即便有价也无市，无论对产品多么中意、再怎么有钱也是买不到的。

比如：在顾客作为上帝的市场经济时代，很多到LV店里购买商品的顾客，如果遇到喜欢的商品，但是这款商品限量或是被人预定，他就只能向店员进行询问，想了解其他的店面有没有同款产品，一般这个时候，店员都是习惯性冷冰冰地回答，请您等待。完全打破了店家与消费者的关系，这就是LV满足消费者非物质的奢华、高品位、精致考究生活带来的成功表现。

在奢侈品店里消费的顾客总是有一种赶着、抢着消费的习惯，因为那些抢手的新款货在你思考犹豫的瞬间就会被别人抢走。俗话说"千金难买心头好"，竞争式的消费模式让消费者完全忽略了作为顾客应该得到的权利或服务，花钱买到、抢到中意的商品才是硬道理。这直接导致无论哪一个城市的LV新店开店，都会带来消费欲望的空前高涨，LV在中国市场上的销售业绩纪录也不断被打破。比如：2010年在成都仁恒置地广场新开业的LV旗舰店，在开业短短三个月的时间就轻松实现了销售额1.8亿元的佳绩，消费者争先恐后地抢夺商品的场面可谓非常壮观，排着长队买单的盛况更是让LV店长笑容不断。

从一开始进入中国市场，LV的销售成绩就非常好，并且消费者的购买热潮呈现出逐步增大的趋势，同时LV品牌也看中中国奢侈品市场的潜在能力，选择在很多城市开店、占领市场。从1992年进入中国市场之后，在短短25年的时间里，就实现了质和量的同时突破，在24个城市开了42家专卖店或旗舰店。

在经济学中，瓦尔拉斯需求理论曾经对市场最基本的供给和需求做出过这样的解释，从这个理论中，可以解释会出现LV消费热潮空前高涨的情况是因为市场特别高的需求带来的。而中国市场对LV的需求扩大是因为老百姓口袋里面可用来满足各种需求的钱多了，而让老百姓生活好起来的是中国经济的高速发展，社会发展带来社会财富的极大丰富，人们解决了温饱问题之后，可以用口袋里面的钱来满足更多深层次的需求，比如追求生活品质的提高，享受消费奢侈品带来的时尚感、成就感等等。

奢侈品市场不断被刷新的销售总额记录就是对不断增加的社会需求的一个体现，最新报告显示2017年中国内地奢侈品市场的消费总额就高达200亿美元，已经占据了全球奢侈品消费市场的1/4，当然这么庞大的消费能力也让中国超越美国成为紧随日本之后的全球第二大奢侈品消费国。并且按照中国市场对奢侈品仍然不断增大的消费需求，所有机构都得出一个结论，那就是中国市场在未来的发展中，将超越日本，变成全球最大的奢侈品消费国。

不断扩大的社会需求给LV每个店面都带来源源不断的消费热潮，从北京到上海、成都到重庆、太原到天津，每个新店的开张都会把当地的LV迷们聚集起来，创造一个又一个的销售奇迹。正是在这种强大的市场需求下，为了满足需求，LV采取了扩大销售范围，除了在原来一线城市开店之外，触角逐渐伸向二三线城市。即便是在世界金融危机的影响下，全世界LV总的销售业绩总体下滑，但是中国市场的业绩却是有增无减。这就是说偏爱奢侈品的中国消费者给世界奢侈品销售创造了一段不朽的佳话。

LV能够在中国市场上独领风骚，创造一个又一个的销售奇迹除去市场的巨大需求之外，我们还应该看到这个品牌给消费者打造的高端奢侈世界。创造奇迹的销售佳绩，除去广阔的市场需求因素之外，还应该考虑到品牌自身选择怎样的营销之路。

LV始终保持对品牌的打造，创立150多年来都保持着精致、典雅、尊贵的经典品牌形象，即便是面对越来越趋于年轻化的消费群体，经受住了市场的严峻考验。高贵奢侈的品牌形象是LV与皇室贵族不可分割的缘分带来的，LV最初的创作灵感是为了解决皇室贵族的穿衣需要，所以LV从一诞生就带有独特的皇家风范，带着俯视一切的霸气，它同样把这样的经营理念用到了服务所有的顾客身上，让顾客在消费的同时感受到贵气和霸气。LV所有的员工都会在正式入职之前，被派到法国总部进行培训，了解品牌的历史和文化，了解了品牌文化的员工回到工作岗位上就能更好地服务于顾客。

产品质量是树立品牌的根本保证。从诞生之日起，LV的每款箱包都会在生产车间进行连续两周的拉关实验，为的是保证产品能够经受住质量的考验，同时全世界LV门店销售的产品都是统一在法国生产，然后运送到当地销售，全世界门店的销售款式都没有差别。质量是树立奢侈品牌的根本，所以才有了在全世界各地忠实的品牌拥戴粉丝。

品牌保证提升消费攀比心理。在保证了所有产品的质量和服务的时候，在消费者内部就会有相互攀比的心理产生。所谓攀比心理，是指消费者在看到周围朋友、同事拥有世界级奢侈品品牌的商品的时候，自然而然产生想要拥有相同或者更高档次商品的消费心理。伴随着LV品牌被越来越多的消费者所接受，在购买产品时消费者这种心理表现得越来越强。一旦拥有了一件LV的奢侈品便拥有了炫耀的资本，与没有奢侈品的朋友比起来，你的档次显得更高，与有奢侈品的朋友比起来，你们或许可以相互交流购物经验。作为一些好面子的国人来讲，消费LV更是带有这样的心理。

第二节　乔布斯是怎么改变世界的？

1867年，伟大的经济学家马克思写了一本影响现代社会的巨著《资本论》。在这本书中，他对商品的价格与商品实际存在的价值作出过这样的解释，他说："商品的价值是价格的物质承担者，价格是围绕商品实际的价值上下波动的。"

按照他的说法，每一件商品的实际价格就应该是对商品价值的反映，高价格的商品按照道理来讲价值也是比较高的，而我们这里讨论的价值是商品的使用价值，就是我们能够拿买到的商品做什么、商品能够给我们带来怎样的需要的价值。价格较低的商品是因为商品的使用价值表现出来的较低。

这样一个经历了时间考验的真理却在乔布斯的苹果上面得不到最好的表现。比如：一个iPhone手机，成本是1000多元，加上运营商的成本、宣传费用等所有费用，也不过是3000多元到4000元的总成本。但是我们看看iPhone的销售价格，从5000多元到10000元不等，远远高出实际价值的价格一大截。但是消费者们还是愿意购买这样实际价值与价格相差较远的电子产品。

所有人都知道，在苹果没有进入中国市场之前，国内的电子产品市场是被"山寨"统一的时代，山寨电子产品功能也就是使用价值与品牌机相比是不相上下的，同时在价格上还有一大截的优惠，让消费者对产品价值该值多少的价格在心中有了自己的定位。比如诺基亚、三星、LG、摩托罗拉等品牌一度在与"山寨"牌的竞争中，败下阵来。

"山寨"统领电子产品市场的时代在乔布斯的"苹果"进入之后就悄然发生着变化，越是价格高的产品越是被消费者争先恐后地抢购，而所有人都知道，"苹果"强大功能的电子产品在其他品牌中也找得到功能相同、价格却低很多的替代品。

只要懂得一点经济学的消费者都会做选择，如果按照马克思的价值规律选择价格实际反映价值的产品，那么怎么还会出现通宵排队为了赶在新"苹果"店开张时买到一款中意的产品的场景呢？这就是乔布斯改变传统靠商品实际使用价值来衡量产品价格是否过高、值不值得买的制胜法宝。

"苹果"旗下的产品种类有很多，包括智能手机、平板电脑、MP3、MP4等等，几乎所有的都是电子市场上能够找得到的电子产品，所有产品的使用价值都是同市场上其他品牌的同类产品的使用价值相同，也就是说无论消费者选择什么品牌的手机，只要这个手机是智能手机，使用相同的系统，安装上相同的软件，最终所有产品给消费者带来的使用价值都是相同的。

难道购买高价格苹果手机的消费者都是不理性的消费

者嘛？他们就是腰包里面的钱多了，然后想着如何花掉嘛？当然不是，所有人选择购买商品都是想着追求物与价的平衡，为什么说功能与其他电子产品相同的苹果却能够占据消费者的心呢？

购买高价的苹果并没有违反马克思提出的商品价格反映商品实际价值的规律。一般意义上，商品的价值说的都是商品的实际使用价值，但是在苹果上，我们还可以收获不一样的附加价值，附加价值主要包括苹果的名牌效应、软件供应、考究的设计等等，这些附加价值就是乔布斯改变整个电子产品世界的法宝。乔布斯采用了很多的营销手法来增添苹果产品的附加价值，比如说体验式营销、饥饿营销、人性营销、功能营销等等。

体验式营销增加消费者体验感受带来的附加价值：乔布斯从来都是亲自参加新产品的发布会，他会向所有的消费者演示新产品所有的功能，考虑到消费者自行摸索会占用较长的时间，也不会抓住产品的核心价值，导致对新推出的产品作出不准确的判断。在他创造的轻松氛围中，围绕欢声笑语通过简单10分钟的演示，就可以让所有人了解新产品的所有功能，这就是乔布斯强大的示范作用，同时也就是这样的原因，新产品推出的时候，所有的消费者都会对它产生强大的购买欲望。

饥饿营销激起最大的购买欲望：人总会对自己得不到的东西特别在意，越是得不到的东西越想得到，越是买不到的商品越是要想尽一切办法得到。"物以稀为贵",持续不断地少量供货是苹果销售的又一大法宝,在保持消费者持续高涨的购买欲望的时候,独占性、稀有性更是促使苹果畅销的重要方法。当消费者怀着极大的购买激情来到销售场所的时候,一句简单的"不好意思我们现在没货,请下次再来试试吧……"就足够使没饱和的变得更加的饥饿,饥饿之后不仅购买欲望会变得更强,买到之后带来的成就感更是难以言表。

人性营销激起消费者持续强烈的购买欲望:在苹果手机面世之前长达1年多的时间里面,"苹果迷"们关于iPhone手机真实面目的讨论从来没有间断过,甚至有消息传出弄到了苹果的设计方案,但是直到iPhone发布的当天,所有消费者才会看到它的真实造型,才知道它的真实名字,当然包括它的设计、质量在内的一切都没有令等待已久的消费者们失望,这种长时间的声势、让消费者等待购买的急切心理就是附加价值。

人的好奇心、产品的神秘感、颠覆传统营销方法的造势手段,让苹果在还未上市之前,就赢得了消费者们的关注。保留的话题让所有产品成为标志性的具有时代意义的物品,购买时甚至获得了具有古董才有的珍藏价值。所有传统产品按着传统销售方法销售的时候,人们即便是获得产品,但早已失去了很多的附加价值。

功能营销提供实在人性价值:乔布斯在为产品加入附

加价值的时候,最为重视的是为消费者提供实在"人性"服务的价值,这就是被乔布斯称为"做正确的事"的"人性"服务。在使用 iPhone 打电话的时候,电话自动地关闭屏幕,把 iPhone 贴近脸颊,电话会自动变成省电模式,这个发明不是足够的伟大,但却是足够的"人性"。

乔布斯改变社会的种种方法,在他领导苹果的 35 年风雨征程的道路上显露无遗,苹果的成功不只我们日常生活中看到的产品的热销,更多的还是苹果品牌自身价值的提高。2010 年 5 月 26 日,苹果成功地超越了微软,成为全球市值第一的科技公司,市值超出微软 1000 多亿美元,相当于超越了一个惠普,成为电子产品中的新兴奢侈品牌。"苹果"逐渐变成整个社会消费潮流。

第三节 香奈儿(Chanel)的秘密

著名学者安德烈·马尔罗(Andre Malraux)说过:"20世纪的法国,有三个永垂不朽的名字:戴高乐、香奈儿和毕加索。"戴高乐作为法兰西第五共和国首位总统,给法国政治生活带来了重大的影响,是法国的政治家、军事家,被评为法国历史上永垂不朽的名字。毕加索作为一个画家、雕塑家,以其非常惊人的绘画才能影响着 20 世纪的法国,作为艺术精神领袖被法国人民永记心中。作为在 20 世纪对法国影响力最大的三个人之一的——香奈儿,既不是同戴高乐一样凭借超强的政治能力，通过做出各种政治改变来换得人们的铭记，也不像毕加索那样拥有超强的艺术才能，通过画出上万幅影响至今的绘画作品得到铭记，她是一个设计师、商人、创立带领法国奢侈品走向世界的人。

香奈儿从一个孤儿变成一个靠着时尚引领潮流，改变整个法国甚至世界的灵魂人物。作为一个强大的女性，她是具有稀缺性的，以她名字命名的奢侈品品牌——香奈儿同样是具有稀缺性的。相对于人类无穷的欲望而言，资源始终是具有稀缺性的，世界上几乎所有的奢侈品能够在最大价格的前提下实现持续上涨的销量，靠的就是对稀缺性资源前提的利用上，香奈儿也不例外。

由于资源的稀缺性才导致了理性经济人在做出抉择的时候，考虑到资源稀缺性的因素，怎样利用最有限的资源换得最大满足感的物品。比如说在生产过程中，生产者会让自己所拥有的厂房、机器设备、原材料生产出最多的产品，满足生产的最基本目的——实现收益的最大化。再比如拥有稀缺资源——金钱的消费者，会根据稀缺的可供自己使用的钱去换取能够让自己得到最大满足感的商品。

在香奈儿的专卖店里，产品种类非常繁多，产品数量表面上都能够满足消费者的需求，可是事实却是相反的。我们把香奈儿看成一种资源，一种可以给消费者带来在使用上、精神享受上的资源（当然这里不考虑金钱等其他因素的影响），消费者对这种资源的渴望程度是不言而喻的。如果香奈儿不是稀缺的，那么无论哪个消费者想要得到它，都可以得到。现实却否定了这样的假设，很多购买香奈儿的消费者都有这样的体会，看中的一款产品总是缺货，或者只在少量的专卖店里出售，香奈儿不是你想得到就能得到的。

香奈儿一直往打造稀缺性资源的方向前进着，虽然目前在整个中国市场上，香奈儿进入了几十个城市，但是对于日益增加的中国奢侈品消费市场来说是完全不够的，香奈儿就像是金钱一样，被广大的消费者当成稀缺性资源。

保持高度的稀缺性是香奈儿在经受百年来市场的风雨变化、极度激烈的竞争、"前辈新秀"的各种冲击，能够屹立不倒的最重要的秘密。当然，香奈儿的稀缺性不仅仅体现在产品的数量不完全满足消费者的消费需求上，还体现在奢侈品品牌灵魂人物、独树一帜的设计风格、品牌战略、对时尚的追求上。

品牌香奈儿是稀缺的，它的创始人更是具有稀缺性的。影响世界的奢侈品时尚品牌当中，LV、香奈儿、古驰、阿玛尼的世界影响能力可谓是不相上下的，每个品牌的创始人都是优秀的设计师、商人，但是香奈儿却是少有的女性创始人。当其他品牌的设计还在从男性的角度解读女性独特魅力的时候，作为同性设计者的香奈儿却是稀缺的，同时又占有优势的。

香奈儿追求自由、独树一帜的设计风格同样具有稀缺性。香奈儿每一款设计都体现出她本人对自由的穿衣风格的追求，打破束缚的设计对于当时的时尚产品是具有稀缺性的，所有名媛因为穿着稀缺设计的衣服出席各种舞会，"人无我有、人有我优"的稀缺性让名媛一跃成为众人的焦点。除去产品稀缺的灵魂人物、追求自由、特立独行的设计之外，营销手法同样是保证一个品牌在市场经济时代获得成功的重要基础。

此外，通过各种营销方法让消费者了解品牌。比如，各国举办的香奈儿服装秀，知名模特儿展示各季新款服装，都是绝对的品牌推广动力；知名杂志上都有对香奈儿产品的专门介绍，以品牌推动为导向推广产品，同时增加在消费者中的信任感；早在香奈儿发展初期，就邀请到好莱坞明星为其代言，利用名人的带动和号召能力，即便是刚推出的香奈儿新品也会快速地受到消费者的青睐；随着电子商务时代的到来，虽然传统手工的香奈儿同样与时俱进，利用新型的推广方式，作为产品的推广战略之一，香奈儿拥有总共12种语言的官方入口网站。

香奈儿的稀缺性正是迎合了所有消费者的消费欲望，这正如世界上的珍珠、黄金、钻石比起沙石来得珍贵几十万倍的原因，就是因为沙石太过平凡、普通，而珍珠、黄金、钻石却是相当稀少，于是我们便珍惜那些世间少见的珍宝，而对那些随时都可见到的沙石却是很少关注。香奈儿从它的创始人到它的产品都是稀缺的，我们又怎能不对这样稀少的资源多加珍惜、照顾呢？再加上香奈儿的时尚设计、精美做工让我们根本无法从对它的关注中转变出来，这样的天时、地利、人和，香奈儿还能不成功地打造出奢侈品牌吗？这就是香奈儿的秘密——稀缺性。

第四节　让女性无法拒绝的雅诗兰黛（Estée Lauder）

犹太人曾经说过，女人和小孩的钱最好赚。如果这句话放在当下的中国，更是非常的贴切。由于女性地位的提高、教育程度的增加，女性变得非常独立，经济实力得到很大的提高，消费压力小而且更加关注自身，女性开始成为消费市场上最为生猛的主力军。大牌的奢侈品品牌正是看中了女性群体在消费上发生的这种转变，着手激活女人的消费欲望，从而走向品牌的成功。

爱美是每个女人的天性，女性在大力打造自我外表的时候，也开始了试图将美丽青春容颜努力留住的事业——化妆、保养，女性什么都可以没有，但是出去见人的时候脸上必须光彩，脸面问题甚至比吃得好坏、身体健康与否都要重要千百倍。很多女孩为了漂亮、美丽更是无所不用其极，他们有的甚至用上了各种伤害自己的身体的方法，比如做整容手术、在肚子里面养虫防止长胖变丑，可见美丽的面容对于每个女人来讲是多么的重要。

但是每个女人都知道，即便用上了所有的方法还是抵挡不过时间的摧残，人还是会逐渐老去，美丽的面容也会一去不复返，这是宇宙的规律。女人们唯一能做的就是将这个结果出现的时间往后推，于是大堆大堆的美容养颜产品被拿回了家里，而且产品是越买越贵，越买越高档，越买越奢华。

顺应女性群体美丽事业的消费改变，各大品牌厂商开始将品牌的重心转移到了为保护女人美丽的事业上来。这当然是对的，并且大获成功。作为在全世界都有影响力的奢侈品化妆品公司雅诗兰黛（Estée Lauder），始终让中国女性无法拒绝。充满诗意的中国人给了 Estée Lauder 一个充满流光溢彩让所有女性充满奢华想象的名字——雅诗兰黛。

中国女人从妇女解放运动之后，也开始了对美丽事业的追求，从雅诗兰黛进入中国市场的那个时候开始，我们就没法拒绝它能给我们带来的美丽。我们对于雅诗兰黛的没有抵抗力完全表现在它不断创造的销售记录上，比如2011年的雅诗兰黛销售记录就是在成都王府井百货大楼里面创造出来的，仅仅占37平方米的销售面积的雅诗兰黛专柜，就创造了平均月销售633万元的惊人销售佳绩，按照每天计算，销售额高达21万，我们在进行美丽事业的事情上，为雅诗兰黛贡献了如此多的销售额。

如果按照平均每个女人在成都雅诗兰黛专柜每次消费2000元计算，那么一天之内就会有105人来到专柜消费；

按照平均每人消费3000元计算，就会有70人来消费；按照平均每人消费4000元计算，还是会有53个人来消费。按照商场每天营业12个小时计算，一天105人平均每个小时就会有8～9个人前来消费，一天70人也会有5～6个人前来消费，一天53个人也会有4～5个人前来消费。这样估算的结果是，雅诗兰黛专柜每个时间几乎都会有消费者在进行消费，同时消费的金额还非常高。按照成都的工资水平来看，一次性消费化妆品能够达到高于2000元的消费者，工资收入水平一定会在1万元左右，作为一个女性平均工资能够达到1万元左右，如果不考虑外地顾客在这个专柜的消费，成都市场上每个月都将会有如此多的女性受不了品牌的强大吸引力，选择消费雅诗兰黛。毫不夸张地说，几乎所有的女人都会选择购买雅诗兰黛。

如果按照上面的计算，几乎没有一个女人能够抵挡得住雅诗兰黛的诱惑。在所有爱美女人的共同追捧下，雅诗兰黛作为仅从5万美金起家的护肤品牌，发展成为至今年销售额高达47亿美元的世界级跨国公司，拥有覆盖全世界130多个国家和地区的营销网络，成功地成为全球最大的护肤、化妆品、香水公司，缔造出属于女性顾客的雅诗兰黛化妆品王国。

雅诗兰黛的成功少不了女性消费者的支持，同时雅诗兰黛从创立之初就在为女性消费者服务，才变成现如今让所有女性都无法拒绝的化妆品品牌，为女人美丽而坚持的事业成就了雅诗兰黛，雅诗兰黛唤起女人对美丽的关注。

创立初期：唤起女性护肤的潜意识。雅诗兰黛是在美国爆发经济大萧条和第二次世界大战给经济带来巨大创伤的大背景下创立的，创始人雅诗兰黛试图通过把自制的护肤品卖出去赚钱来缓解经济的困难。受到经济危机的影响，每个家庭的收入水平都受到了限制，可供家庭主妇们使用的钱也就变得非常有限，家庭主妇们基本都不会考虑护肤这件事情。"爱美之心人皆有之"，主妇们的钱也不是不能抽出一丁点来护肤，但是市场上根本没有提供可以购买的护肤产品，雅诗兰黛的出现正好唤起了女性消费者护肤爱美的潜意识。从最初接受护肤开始，女性就疯狂地迷上了使用各种护肤产品，用以留住美貌、留住青春。

市场拓展期：依靠女性朋友之间爱推荐产品的特性，迅速占领市场。女性总有这样一个特点，在自己使用一款产品得到好的效果之后，非常愿意把使用的产品推荐给周围的朋友，一传十、十传百，一个人使用成功，就意味着好几十人都能够知道这个成功的案例。从来在产品质量和服务上得到保证的雅诗兰黛轻而易举地达到了这样的宣传效果，原因是雅诗兰黛前期几乎所有的产品都是针对女性顾客的，做的就是保持女性美丽的事业，市场就在女性消费顾客的帮助下，不断拓展，最终抢先占领化妆品市场。

雅诗兰黛在各个方面都在为我们的美丽作贡献，从它各种功效的系列产品、不断推出的新功能的产品都做得如此精细，试问这样的雅诗兰黛让爱美的女性怎么拒绝？

第五节 乔治·阿玛尼（Giorgio Armani）
香港金像奖的"最佳主角"

伴随着全民娱乐时代的开始，娱乐对于全社会的影响也越来越大，对于娱乐事件我们非常乐意投入精神，无论是作为饭后的谈资，还是某种精神的寄托，我们都愿意将心思放在这样的事情上。全民娱乐在我们的生活增添乐趣的同时，还让一部分人成了所有人关注的焦点，他们就是带着光环的明星。

我们细心地注视着明星们大大小小的事情，从他们的演艺事业，比如说参演的电影、电视剧，新发行的唱片、EP等等，到他们的私人生活的大小事情，总的来说，我们更多的是在关注他们的私人生活，他们的妆容、衣着、发型等等。当然明星们从来也没让我们失望过，他们的穿着打扮、妆容发型都是未来消费者竞相模仿的对象，他们引领着潮流。

对于明星的打扮，我们愿意尝试，虽然可能我们没有明星一样的气质，但是有相同的爱美之心，明星们的示范作用是远远超过我们的想象的。聪明的厂商们看准了明星们对我们的带动作用，各大品牌都争相聘请明星担当自己品牌的代言人，拍摄产品广告，张贴有明星照片的大海报，当然最后所有的厂商都会凭借明星的带动作用，赢得品牌的大丰收。

然而奢侈品却与其他普通的商品不同，奢侈品本身就对我们有着一种吸引力，所以很多品牌根本不用聘请明星来宣传自己的产品，但是阿玛尼却利用与明星的共同作用，创造出了属于自己的成功。

在世界知名人士之间流传着这样一句话："当你不知道穿什么的时候，就穿阿玛尼。"而这些知名人士包括乔治·克鲁尼、贝克汉姆，甚至克林顿、比尔·盖茨。阿玛尼能够在名人当中取得这么高的知名度，从营销角度来说，抛开其他的方法，不得不让人感叹品牌靠赞助明星迅速获得知名度的最重要的品牌营销方法。

阿玛尼能够想到通过这样的方法来获得品牌的营销成功也不是从来就有的，是阿玛尼在美国设立总部之后，一次偶然的机会被邀请为好莱坞电影《美国舞男》设计服装，在这整个过程中，阿玛尼为男主角理查·基尔打造贴身设计、制造服装，随着后来这部电影的大受欢迎，阿玛尼在好莱坞明星当中的知名度也迅速打开。

现如今，那些为了参加各种颁奖典礼的明星们，都试图通过穿上阿玛尼的服装在众多明星中脱颖而出，成为绝对的焦点，阿玛尼也从来没有让选择穿它的明星们失望过。在红地毯的聚光灯下，阿玛尼就像是一个善良的光环照在明星们身上。在参加奥斯卡颁奖典礼的明星服装品牌当中，阿玛尼绝对算得上是出镜率最高的。

阿玛尼在选择进入中国市场之后，为了迅速提升在中国消费者心中的品牌地位，通过明星穿着走出最具品牌效应的道路被完全复制过来了，同时也不得不说这个方法在不同国家的市场上都是屡试不爽的。

阿玛尼通过选择当时在中国已经开始走向国际化的明星——章子怡来进行明星效应带动品牌推广的策略。2006年，在第63届美国金球奖的红地毯上，身着黄绿色纱裙的中国明星章子怡出现时，就引起了巨大的轰动。在红地毯那样的时尚盛宴上，媒体都会对明星们的着装进行评判，章子怡成为当时红地毯上最佳着装的得主。当时的章子怡虽有向国际市场进军的意向，但是在国际市场上没有那么高的知名度。这不但是对章子怡着装品位更是对她服装赞助商——阿玛尼的绝对肯定。

通过影星章子怡打开在中国明星中的知名度之后，为了配合阿玛尼品牌进一步开拓中国市场的计划需求，阿玛尼选择了香港影星金城武担任安普里奥·阿玛尼（Emporio Armani）男装系列的代言人，这虽是阿玛尼明星代言人当中出现的第一位亚洲男士的面孔，但是金城武在中国香港和内地的知名度却是不可忽视的。通过金城武的代言阿玛尼从此在中国消费者心中奠定了绝对的品牌地位，这便推动了无论在北京还是上海、南京还是杭州的专卖店大获成功的局面，阿玛尼专卖店开到哪里，忠实粉丝就跟到哪里，热销的场面就展现在哪里。

现在在国内的各大颁奖典礼上都能看到阿玛尼的身影，无论是电影类的奖项"金马奖"还是"金像奖"，或是歌唱界的"金曲奖"或是各大风云榜的颁奖典礼，比起那些被提名的明星，阿玛尼更能算得上当之无愧的"最佳主角"。

第二章 挡不住的消费热潮

第一节 星巴克涨价连累山东煎饼卖贵

人们普遍的消费观念认为，当一件商品的价格上涨之后，如果在市场上，我们能够找到同样功能的替代品，那么聪明的人都会选择将原来的那件商品抛弃掉，所以大多数的商家为了占据在市场上绝对的主要地位，价格战的出现才是消费者最愿意看到的场面。在经济学上，通常把代替一件商品的另一件商品叫做替代品，比如在咖啡价格上涨的时候，中国消费者可以选择喝茶来达到同样的功效，茶就是咖啡的替代品。

细心的消费者不难会发现，在市场上，一件商品的同类商品总是有千千万万，超市里面的展台上，同类商品的种类总是多得让人出奇，同样的商品，品牌不同、配方不同、功能不同、目标客户的定位不同，也就出现了很多的替代性。厂商一般只有在几乎所有的同类产品的商家都涨价的时候，才会相应地选择涨价，才不至于流失原有的客户。

虽然这样的厂商定价策略在传统的销售市场上能够换来销售的绝对成功，但是近来星巴克的涨价风波，却打破了传统的销售模式。

2012年的春节刚刚结束，当白领们还沉浸在节日的热闹气氛时，星巴克咖啡就通过其官方微薄发布了涨价的公告，这条微薄在年终奖刚刚用完、下个月工资还没有着落的上班族当中引起了巨大的反响，这条微薄在发布不到半天的时间里面，就被转发了过万条。这条涨价的信息为什么却能够引起消费者们的热议呢？

首先让我们来回忆一下星巴克在进入中国市场之后经历过的涨价历程，在涨价的历程当中，我们或多或少能够明白小小的一条涨价微博，就能够在应该忘却一切的春节里面，引起如此大反应的原因。在过去的5年时间里，无论周围其他商品如何涨价，星巴克都未曾有过涨价的行为，即便是在已经进入中国市场10多年的时间里，星巴克的价格都显得十分的稳定，虽然现如今一款咖啡的价格与2001年的价格之间存在很大的涨幅，但是相较周围其他日用品的百分之几百的上涨幅度来看的话，这都算不得什么，比如星巴克的2001年14元一杯的热巧克力咖啡现如今卖到30元，已经超过了100%的增长幅度，但是我们身边其他的生活日用品却是有着更高的涨价幅度的，比如原来1元的时令蔬菜，现在4块钱未必能够买得下来。

与其他商品的涨价幅度相较而言，星巴克的涨价范围算得上是温和的，但是从另一方面来说，星巴克在中国的价格却是"不一般"的，比如星巴克在中国的价格最低也是22元一杯，超大杯咖啡价格达到37元一杯。在世界上其他国家，星巴克的价格却是要低很多。比如在英国，一杯星巴克咖啡的价格最便宜是不到3英镑的价格，即是在人民币30元以内；在美国，星巴克咖啡最便宜仅仅只有1.59美元，平均在3～4美元，按照现在的汇率计算，折合成人民币应该是20～30元之间。从与其他国家的比较看来，中国的星巴克咖啡实在价高一筹啊，所以原本就很贵的星巴克咖啡即便是在部分单品上价格小幅上涨也引起了这么多人的关注。

　　按照常理来讲，在其他咖啡还没有采取价格上涨的情况下，星巴克的单方面的价格上涨势必会失去消费者的光顾的，但是让我们来看看涨价后星巴克咖啡的销售情况。比如在星巴克涨价的第一天中午，位于上海市徐家汇港汇广场的星巴克店生意的火热程度丝毫没有减少，仅仅几十平方米的营业面积，只有3位店员，但是在短短30分钟的时间内，就接待了超过40名顾客，消费范围在30～200元之间不等，但是都是采用外带的形式，没有占用店内资源。所以在半个小时时间里面，就实现了1200～8000元的销售收入，如果按照平均收益计算的话，这家店在涨价之后半个小时就可以多获得80元的收益。

星巴克涨价之后，几乎所有的门店销售业绩都没有受到涨价的影响，虽然这条涨价的消息在消费者中带来了极大的反响，但是似乎丝毫没有降低消费者的购买热情。看到星巴克涨价之后依然卖得那么火热的场景，想赚得更多的山东煎饼的摊主也稍微提高了煎饼的价格。

山东煎饼或许能够模仿星巴克的涨价营销策略，但是价格不高的山东煎饼却得不到类似星巴克涨价之后卖得照样红火、收益更多的结局。打破传统营销模式的星巴克咖啡，涨价不过是白领们茶余饭后的简单谈资而已，对热卖完全没有造成任何的影响。

是什么让漂洋过海的洋咖啡在中国市场上如此招摇过市，是什么让中国消费者即便是在涨价的情况下，依然无法放弃对咖啡的钟爱，是什么原因让人们无法抛弃高价的星巴克？势必所有人都对此非常好奇，星巴克是如何做到即便涨价消费者的消费热情依然不减的？问题的答案其实非常简单，那就是星巴克的"咖啡文化"对中国消费者的影响。

对于崇尚"茶"文化的中国人来讲，咖啡文化进来的时间不是很长。在中国经济不发达的时候，外国人是不屑于向中国人传播他们的咖啡文化的。直到改革开放以后，中国经济进入了一个高速发展的阶段，人们不但解决了生活温饱的问题，还开始追求精神生活的享受，同时开放程度越来越大，中国人对新鲜事物的接受能力也逐步提高。

于是兴起于欧洲都市白领一族的"咖啡文化",结合时尚、现代生活联系,以其独特风格的咖啡屋便成为了人们休闲、社交、感受时尚、品味生活的最佳场所。咖啡店进入中国市场之后,受到广大白领上班族的追捧。

星巴克非常成功地使自己的咖啡店成为家庭和工作之外的一个舒服的社交聚会场所,被顾客亲切地称为"起居室",甚至有的顾客每天都会光顾一次星巴克咖啡店。这都归结于星巴克的经营主张,星巴克卖的不是咖啡,而是人们对咖啡的体验,改变了人们对于咖啡的想象力。星巴克体验已经从第三生活空间延伸到消费者生活的每一个角落。

"奢侈"的星巴克咖啡,价格上涨增添的是消费者的购买幸福感,在国内就能过上同外国人一样的工作、生活方式,无需出国就能实现。即便星巴克再度涨价,为了追求特殊生活方式的消费者还是照样会选择一如既往地坚持购买。对星巴克品牌的忠诚度已经深入到白领阶层的骨髓里。

星巴克给中国带来的是咖啡文化的广泛传播,改变的是消费者的生活方式,传播的文化一旦被消费者所接受,商品提价话语权就完全掌控在厂商的手中,于是便有了星巴克涨价照样店里排长龙的热销场面,才有了星巴克在中国实现质和量双重突破。2015年,星巴克亚太区总裁约翰·卡尔弗曾说:"我们对中国消费者的品牌认同感到高兴,期望在中国大陆能够运营1500家星巴克门店。"

相关统计资料显示，在咖啡文化相对比较久远的国家平均每天每人都要消费3杯左右的咖啡，中国接受咖啡文化的时间不是很长，咖啡在中国的普及度还不高，人们平均每天消费不到1杯咖啡，但是在咖啡文化不断的影响渗透下，再加上咖啡文化的独特营销方式，中国市场的咖啡销量将会最大限度地被挖掘出来。

当山东煎饼果子成为一种文化影响人们的日常生活的时候，涨价与否的决定权完全在煎饼果子的老板手中，正如麦当劳的成功不是依靠简单的鸡腿、面包，而是时尚个性的饮食快餐文化，柯达相机的成功不是简单的相机成功，而是留住快乐幸福的纪念，月饼、粽子的畅销不是简单的饼子、糯米糕，而是对中国传统文化团圆怀旧的缅怀。

第二节 各大品牌攻城掠地

正如世界著名战略公司贝恩公司发布的数据资料中显示结果一样，在2016年中国奢侈品市场规模已经达到1500亿元人民币，全球排名第五。通过2017年中国奢侈品市场的进一步发展，整体增幅达到30%，已经超过美国，成为仅次于日本的第二大世界奢侈品市场。目前在中国市场上，几乎囊括了世界所有的奢侈品牌。早在100多年前还属于欧洲贵族的奢侈品牌已经完全进入了中国市场。

奢侈品选择市场的因素是非常复杂多变的，在选择进入一个市场的时候，都会做很多的前期调查工作，调查的内容包括这个地区人们的收入水平、消费习惯、市场能够影响多大范围的消费者等等，这些因素会直接影响到这个品牌在这个市场开店之后的生意好坏程度，直接影响到品牌拓展道路的成功与否，所以品牌在选择目标市场的时候都是非常谨慎的。

在所有的影响因素当中，一个地区的收入水平是最大的影响因素。人们的收入水平越高越能够支撑强大的奢侈品消费，城市人们的消费习惯对人们如何分配收入又是一个极大的影响因素，如果整个城市的人都有消费高端商品的习惯，那么在这个市场设立分店是完全能够被人们的生活习惯拉动的。为什么所有的国外奢侈品在最初进入中国市场的时候都会选择北京或者上海作为第一个店铺的所在地呢？北京是中国的政治、文化中心，除去本地居民可以成为顾客之外，外来的游客、政客、文人都会变成潜在的消费者，同样上海作为中国最特殊的港口城市、现代经济中心，贸易、旅游集聚的大量消费者都会为奢侈品提供潜在的购买力。

伴随着经济的高速发展，中国市场几乎满足了各大品牌所有的严格要求，无论是在经济发展情况、消费者收入情况、对奢侈品的渴望度等等因素，都能够让奢侈品在这个市场上得到最好的发挥。于是，所有的奢侈品牌都把中国市场当成了极佳的目标市场。如同在非洲大草原上的动物种群一般,为了占据最为有利的生存栖息地,各品牌之间表现出生死搏斗的态势。

中国奢侈品市场好比是一个新鲜出炉的大"蛋糕","蛋糕"散发出来的香味已经被行走在周围所有的人闻到了,同时大家也被这样诱人的香味吸引过来了,而"店家"销售蛋糕的方式又是无论先来后到,只要依靠自己想到的方法,合理、合法地占有、瓜分"蛋糕"都行。所以,所有因为香味而来到店里的人都想尽办法,抢占先机,而还有很多没有进入店里的人,也会因为香味的诱人,在很短的时间内到达店里。于是,为了占取"蛋糕"的最大块,店里的人做着各种博弈,心里打着各种算盘,想尽各种方法。

于是乎,所有的奢侈品牌为了在中国这片土地上获得最为有效的战争胜利,每个品牌都想抢占市场先机,获取这场争夺"蛋糕"大战的胜利,各大品牌抢占市场的方法是选择不同的市场开设新店,比如早在1992年就进入中国奢侈品市场的LV,虽然经过20多年的发展,已经在中国奢侈品市场拥有很大的先发优势,但是近几年来开店的速度却是最为密集的。2011年10月,LV在乌鲁木齐顺利开店,这距离此前在长沙开店仅仅过去三个月的时间,这是LV占据二三级城市的重要步伐。现如今除了占据北京、上海、广州这样的传统一线发达城市之外,奢侈品攻城略地的触角已经伸向了二三线城市，比如太原、温州、宁波、成都、长沙等。

他们利用了各种的方法试图获得占取"栖息地"战争的胜利，采用的方法包括最为古老、最为普遍的形式——专卖店，虽然在除了奢侈品之外的很多品牌店的销售过程中都有被采用，但是目前绝大多数进入中国市场的奢侈品品牌仍然采用的是这种销售模式。专卖店形式虽然传统，但却是主流，虽然老套，但却是品牌能够最直接得到客户体验的反馈的形式，同时还能给消费者提供优质服务和品牌形象展示，它有着很多新型销售模式无法比拟的优点，所以各大品牌在攻城略地的时候还是没有抛弃这种最为传统的营销方式。

比如，2010年9月份LV选择进入成都市场的时候，选择在成都仁恒置地广场新开设了一家LV旗舰店的方式，这是LV在中国地区的第九家旗舰店和第35家专卖店，西南地区首家旗舰店，在这个店里销售LV品牌旗下的全系列产品，同时保证新款产品的上市时间与世界其他店同步，同样这个店的销售业绩也证明了这样的销售模式的成功。在开业短短三个月的时间，就创造了1.8亿元的销售佳绩，成为LV世界所有旗舰店新的销售奇迹。从此LV在整个西部市场的品牌地位起来了，赢得了其他奢侈品品牌没有获得的绝对竞争力。

随着网络上市的兴起，奢侈品攻城略地的方式又得到了创新。针对中国奢侈品市场的目标消费群体都是年纪在小于40岁、受过高等教育、熟悉网络的社会精英的情况，奢侈品网购形式也占据着很大部分的奢侈品购物市场。

比如：由日本创立的网上奢侈品零售平台魅力惠（Glamour Sales）在2009年4月份正式登陆中国后，虽然采用传统的会员邀请和限时抢购的营销模式，将各种世界顶级奢侈品放到线上进行销售，包括服装、配饰、包袋、珠宝以及化妆品，同时给以3～7折的价格，同时保证奢侈品的来源。在上线的三个月时间，就汇集了超过13万用户，取得了惊人的销售佳绩。

最后，被称为品牌直销购物中心的奥特莱斯购物广场也成为各大奢侈品品牌竞相进驻的奢侈平台，这个平台是采用直销的方式给消费者提供国际时尚品牌折扣的购物场所。虽然这个广场当中销售的大多是过季、下架、断码的奢侈品商场，但是由于纯正的品牌、难以想象的超低折扣、方便舒适的购物氛围在推出不久就受到了无数的消费者青睐。

各大奢侈品品牌因为中国广阔的奢侈品市场而进入，在进入之后不管是采用在各大城市开设专卖店的形式来赚取"蛋糕"的最大份，还是通过新型的电子商务平台、奥特莱斯购物广场来赚取"蛋糕"的最大份，或是同一个品牌结合各种不同营销方式来获取攻占"蛋糕"的战争的最终胜利，总之这场争夺市场的战争已经打响。

目前中国奢侈品市场上几乎出现了世界所有的奢侈品品牌，它们都是从20世纪90年代开始进入中国市场的，LV在1992年进入中国市场；1999年北京王府井半岛酒店香奈儿专卖店的开幕，也预示着香奈儿进入中国市场；阿玛尼2004年在上海开设第一家旗舰店宣布正式进入中国。从奢侈化妆品品牌来看，雅诗兰黛也从1993年进入了中国的百货商店，吸引无法拒绝美的中国女人。从顶级奢侈汽车品牌来看，2001年宾利和劳斯莱斯同时宣布进入中国市场，它们瓜分、霸占着中国高端奢侈汽车销售的大部分市场份额。

第三节　越是贵的东西越是有人买

著名经济学家孙冶方曾说过："千规律，万规律，价值规律是第一规律。"如果按照价值规律来分析，在其他条件不变的情况下，东西越贵，买的人就会越少；反之，买的人应该越多。实际上，价值规律也有出现例外的时候。比如，一位商场的经理讲道："一件裘皮大衣标价4000元，在商场摆了一年多，无人问津，而另外一件质地相差不大的裘皮大衣，标价20000元，就有人花钱去买。"

在商场中，国际品牌的销售可以呈现出几乎是"井喷"的火热程度，叫人难以置信，而且越贵越好卖！通过观察我们可以发现，消费者愿意为质量更好的产品多付一些钱，但是多付出的钱是否与更好的性能成正比，消费者并不在意这一点。比如，一部2000块钱的手机与1000块钱的手机，在价格上相差50%，而贵的手机可能只比便宜的手机在性能上好10%，但消费者还是会愿意多花费50%的钱来换10%的性能提升。

如果说消费者在买东西时，总是保持着理性的判断，那么就没有人愿意多花50%的钱去购买10%的性能了。事实上，消费者并不是纯理性的，对有钱人来说，多1000块钱并不算什么，他们并不在意多花50%的钱去买这10%的性能。假如当人们知道这部2000元的手机有1000元是购买多出10%的功能，那些普通人就会觉得不划算，不想花冤枉钱，也就是说很多人都不愿意买这部手机。而有钱人花钱把它买下来，他在获得这部手机的使用价值外，还获取了"独特"的价值。换句话说，有钱人多付1000块钱，并非针对那10%的功能，最重要的是表明自己与别人不一样，那10%的功能只是他的借口。

由此可以看出，商品多出一分价值，价格却可以提高十分！原来，价值规律真的有失去作用的时候！

在市场经济条件下，人们的购物理念是"优质高价，便宜没有好货"。从理论上来说，昂贵往往与质优相联系，也就是说贵的东西一定就是好东西。每个人都愿意享受优质的产品或服务，因此人们在购物时一定会考虑这一点。正是因为人们有这样的思想，才为"越贵的东西越好"提供了理论基础。同时，由于社会中有许多不法分子制造假冒伪劣产品，以低价卖出欺骗消费者，从而使消费者对廉价产品产生了不信任感，即便产品真的应该卖那个价格，倘若有更高价格的相同产品，消费者会选择购买高价的产品，希望买到真正质优的产品。

最重要的是，买贵的东西可以显示个人的财富，而财富又是一个人成功、地位、权势和荣誉的象征。因此，人们愿意以昂贵的价格去买那些可以体现自己"身份"的奢侈品。

奢侈品正是当今消费者愿意"砸钱"买的东西。这是因为随着收入的增加，人们对于奢侈品的需求增加更快。奢侈品除了具有一定的使用价值外，更多地体现了一种炫耀性消费的功能。随着生活水平的不断提高，人们开始更多地消费奢侈品了。当然了，购买奢侈品的大多是有钱人。一方面，他们在买东西时不会太重视价格因素，更多地考虑商品的价值；另一方面，价格贵的东西，不仅具有较高的使用价值，还显示了一种消费的等级效应，有钱人在买东西时对这方面考虑得比较多。

在凡勃仑看来，人们总是希望以一种可以显示他们财富的方式来消费，同时，对于那些相对贫困的人，他们的消费方式也包含了奢侈、炫耀性的消费，因为他们对生活的看法也受到上层社会有钱人的影响。因此，贵的东西不仅产生内在效用，也产生了炫耀性消费作用。在这种情况下，商品的价格越高，人们对它的需求也就越高。像这种为了显示财富、不买便宜偏买贵东西的消费心理，人们称之为"凡勃仑效应"。

其实，为了显示财富，买贵的东西，不属于哪个国家人民的专利，而是一种世界性现象。在广告、社会交际等方面的影响下，那些有钱人越来越注重名牌产品，消费也越来越奢侈，这也就产生一种示范效应，就连那些没有条件消费奢侈品的普通人，在名人影响下也会为了满足自己的虚荣心而对奢侈品趋之若鹜。

我们知道，一瓶康师傅水卖1块钱，而依云矿泉水却可以卖到将近10块钱一瓶；一部比亚迪轿车6万元，而一辆奔驰轿车却能卖到60万，甚至有些名牌车可以卖到数百万。难道说依云水比康师傅水好喝10倍吗？或者说奔驰轿车的性能超过比亚迪轿车10倍，乃至100倍吗？答案是否定的，一般稍懂营销常识的人都明白这个道理，其实商品的价格并不总是围绕着其本身的价值展开的。如果是这样的话，那世界上也不会有获利丰厚的厂家，也不会出现丰富多彩的营销了。

在传统观念里，老百姓买东西图的就是物美价廉，只买对的，不买贵的。同时，从理性的角度来讲，每个人都希望以低价买到更好的东西，这是价值规律存在的根本原因，但任何社会都不排斥人们通过买贵的东西来显示自己的财富。所以，贵东西永远都有市场。你要记住，贵并不简单地等同于质优。同样的产品，你可以把它卖得很贵，而且越贵越好卖！

第四节　真的需要这么多跑车吗？

100多年以前，汽车以一种非生活必需品被创造了出来，似乎只有皇室贵族、有钱商人才配得上拥有汽车。伴随着科技的高速发展，从福特将生产线引入汽车生产之后，汽车在产量逐步提升的同时，它的性质已经从非生活必需品转化成了生活中必不可少的代步工具，它已经渐渐地脱去了神秘的外纱，进入到人们的日常生活当中，不再是只有有钱人才能消费得起的非生活必需品、奢侈品，它的各种档次已经早早能够满足各种收入人群的消费。

当汽车成为一种大部分人都能够消费得起的商品的时候，有些人总是试图在消费汽车的过程当中，找到与其他人的区别，而且汽车市场的丰富发展，也给他们提供了足够多的选择。汽车的品牌、车系、车型、性能等等都是将消费者区别开来的重要因素，收入、财富不同的人会选择不同的汽车来消费，虽然消费的都是汽车，但是汽车档次却有所不同。比如一般收入的家庭会选择消费经济实用型的汽车，即价格适宜、代步作用明显的汽车，他们不会太在意汽车的品牌或是车型；收入稍高的家庭会选择更加上档次的汽车，他们更加在意用汽车来体现自己的身份，因此汽车的品牌、高价格将是选择汽车的重要因素。

不同的汽车能够体现出购买者不同的身份，于是乎越来越多的有钱人通过购买高档汽车让自己与普通人区别开来，而他们最常选择的汽车就是汽车中的高档品——跑车。车对于他们来讲已经不是简单的代步工具，而是自己特殊身份、地位的象征。

用购买高档豪华跑车来显示自己身份的消费者在中国尤其多，经过几十年的经济高速增长，富起来的中国人对于高档跑车的消费欲望就像是久未打开的防洪闸门，一经打开就流水湍急，购买盛况让世界所有人都震惊。

比如来自英国的跑车品牌LOTUS以"路特斯"品牌在2011年6月进入中国市场之后，针对中国消费者主推的两款跑车Elis和Evora，这两款车的售价都在80～200万之间，这个价格对于发达资本主义国家的消费来说都算是较为昂贵的产品，但是为了显示自己身份地位的中国消费者对这两款车显示出了绝对的高涨热情；来自意大利的奢华汽车品牌法拉利（FERRARI）跑车，早在2005年进入中国市场的第一年就获得了年销售96辆的佳绩；同样来自英国的高档汽车品牌宾利（Bentley），以其浓浓的英伦绅士风格受到了接近50%的中国富人的喜爱；靠着小量生产、顶级材质、极致尊贵奢华、具有高收藏价值的世爵汽车在2010

年的中国市场上就卖出了9台。

在全球金融危机笼罩着西方发达国家，制约经济发展前进，世界高档汽车的销售即将陷入僵局的时候，中国市场的表现得到了世界各大跑车品牌的青睐，他们纷纷向中国消费者表示好感，纷纷将品牌的最高档车系投入中国市场，当然中国消费者也没让他们失望过。2011年，在中国市场上保时捷销量达到11.8万辆，宾利达到1839辆，劳斯莱斯销售3538辆，法拉利销售7195辆，玛萨拉蒂销售6159辆，马丁销售190辆，并且中国市场上销售跑车的数量还在呈现出绝对的增长趋势。

受到中国消费者热烈追捧的各大超级跑车在中国市场上获得金箔满盆之后，更是特别针对中国消费者制定了很多的营销策略。相对于外国人来讲，中国人很爱热闹，大事小事总是喜欢探个究竟，喜欢跑到人多的地方，所以在中国才有了大大小小的各类国际车展，几乎每个月在不同的城市都有国际车展在上演，同时中国消费者都非常热衷地往返于各大车展当中，他们在车展上毫不犹豫地对高档跑车下手购买。在2008年的北京车展，各大品牌商都在寻求找到销售出路的时候，亮相不到两小时的布加迪被人买走的消息，让所有人都倍感吃惊。

在逐步扩大的消费追求、跑车品牌的针对性营销策略、政府各种刺激消费政策的共同作用下，中国的汽车市场充斥着各种品牌的跑车。在我们为中国经济高速发展，带来超越发达国家跑车消费购买力感到骄傲的时候，在我们为中国市场异军突起，引领世界发展感到自豪的时候，在我们为能够用世界顶级的跑车来显示身份和财富的时候，我们似乎应该看到那些被报道出来的跑车超速、视行人的生命于不顾，撞人、伤人的社会负面信息，每年销售如此大量的跑车，再加上几乎普及的家庭小轿车的上路，我们真的承受得起吗？对今日的中国而言，无论在硬件配套上还是在软件服务上，经过分析我们都只能得出唯一的一个结论，这个结论就是目前的中国真的不需要这么多的跑车来显示"有钱"。

中国老式的道路设计支撑不了跑车高速的奔跑。从跑车的名字我们都可以看出，跑车区别于其他的车而言，最为重要的就是"跑"字，也就是跑车的速度应该是比其他车的速度都快很多，于是才有了那么多追求速度的年轻人愿意一掷千金，选择购买跑车。但是从封闭中走来的中国，基本上所有城市的道路基础设施建设都比较老旧，很多城市的道路不能支撑快速增长的汽车量。在其他汽车尚不能保证速度的前提下，跑车的速度又怎么能够体现呢？于是才有了那些拥有跑车的人为了追求速度，不顾行人的安全、肆意撞人的事件经常发生。道路的不允许让那么多的跑车在中国完全奔跑不起来。

拥挤的城市交通、限速限行的交通策略不支持跑车的增长。中国是世界上排名第一的人口大国，所以无论平均到多么小的一个城市，总的人口往往已经超过了世界上很多国家的大城市人口，一些大城市人口量甚至已经超过了很多国家的人口容量，再加上人们不断富裕起来的腰包，让人们开始抛弃了公共交通选择购买自家的小轿车。为了保证城市交通的畅通，中国的很多城市都实行了限行限速、单道同行等交通管制措施，在这样的情况下，汽车是不是跑车与否又有什么本质的差别呢？

尚未培养起来的跑车文化根本不适宜大量的消费各种品牌的跑车。在世界其他国家，每个品牌的跑车都会有不同的跑车文化，简单从一个人选择跑车的品牌我们都可以分析出他的职业，比如开兰博基尼的通常是体育明星，开法拉利的多为演艺明星，律师偏爱奔驰，医生多爱保时捷。跑车进入中国市场的时间也就十余年，所以对于中国消费者来说，所有跑车基本上是没有差别的，除了在价格上能够有所体现之外，在选择的时候根本不会把品牌特定的因素放入考虑当中。尚未培养起来的跑车文化根本不需要消费那么多的跑车。

在消费跑车上显示出来的贫富差距，对整个社会发展带来不利的影响。从改革开放发展到现阶段，中国社会只是简单地实现了一部分人先富裕起来的阶段，很多人仍然处于刚刚进入小康的状态，在大多数人还保有仇富心理的时候，那些开着跑车到处滋事的消息才会带来如此大的社会负面影响。虽然我们不追求所有人都保持相同的致富速度、同样的富裕程度,但是我们也不希望我们的贫富差距越来越大,富人开着跑车,乡村里的人还吃不上饭。

现阶段中国富人消费跑车大多数都是处于炫耀财富的阶段,品味、时尚都提不上,只有炫富被外来品牌所了解,甚至给他们带来中国消费者就是有钱的暴发户的认识,消费了高档品却完全不能树立中国人正面的形象。

目前中国跑车市场的高速增长的持续性还有待于市场的进一步考验,但是对于消费者来说,我们真的不需要那么多的跑车,或许在将来我们的社会高度发展、人们的精神文明建设达到更高层次的时候,我们才会需要那么多的跑车。

第五节 横扫巴黎的"黄种人"

美国经济学家马斯洛曾经对消费者的需求进行了分层,这个理论是在1943年提出来的,这五个层次分别是生理需求、安全需求、社交需求、尊重需求和自我实现,人的这五个层次的需求都是从低层次向高层次转变,也就是说人们随着生活水平的提高,需求也会从最初级的生理需求向最高层次的自我价值实现的需求转变。现如今中国人的消费需求也从原来的渴望满足温饱问题的基本生理需求发展到追求个人价值实现的追求。

一切的消费需求改变似乎印证了托斯丹·凡勃伦在

《有闲阶级论》中曾经说过的"仅仅占有财富是毫无意义的。你需要不断展示坐拥财富的证据,让财富为你赢得尊重"。拥有财富已经不再是中国人人生的重大追求,我们追求的是在拥有财富的同时,用我们拥有的财富通过购买实现自我价值。

富裕起来的我们在实现自我价值上有很多的途径,比如说做善事提高社会地位、购买奢侈品显示社会财富。大多数的成功企业家在选择提升社会价值的时候会选择做慈善事业,但是普通的一般人却更加偏向于选择购买高档的奢侈品来显示自我价值的实现。不断富裕起来的中国消费者开始通过各种渠道来购买奢侈品,在国内市场成为全球第二大奢侈品市场的同时,中国消费者在海外奢侈品市场贡献了更多的力量。国内奢侈品市场的消费额只占全部中国人消费的奢侈品总额的1/4。

在海外市场上,中国人显示出了绝对的购买力,从伦敦的哈罗百货商场到法国米兰的名牌工厂店,甚至是亚洲的银座三月百货,都有中国消费者的身影。他们不辞辛劳地奔波于世界各地,为的就是买到能够显示自己身份的奢侈品。世界各国都敞开大门欢迎中国游客的到来,譬如巴黎的奢侈品店中特地聘请会讲中文的服务员,英国人特地为中国人定义的货币——北京镑(Peking Pounds),都是对光顾外国商场的中国消费者的最好描述。

什么驱使着如此多的中国消费者奔波于世界各地的奢

侈品商场？中国人在横扫巴黎奢侈品商场的时候，用钱换来的是什么？

　　有钱的中国消费者太急切地想要向世界炫耀自己的财富，错误地以为把钱拿出来买了所有人都不敢购买的奢侈品就是有钱。炫耀式的消费心理无时无刻不在影响着中国人的消费，而最能体现中国消费者炫耀性消费的商品就是奢侈品，它在价格上与其他商品存在超级悬殊的区别，而几乎所有的消费者都知道奢侈品的价格是有别于其他一般商品的，所以用得起奢侈品的消费者的财富也就不容小觑。中国消费者于是便把消费奢侈品当成了最直接、最简单的实现自我价值的方式。

　　炫耀自己财富的同时，那些实际没有消费奢侈品能力的人为了"面子"，在攀比心的影响下，也把目光投向了奢侈品消费。有人曾经说过中国人爱面子是已经渗透到骨髓里面了，历史上所发生的那些"士可杀不可辱"的事件完全就是最好的证明，这种思想已经无法改变。奢侈品的一般定价都非常高，用着别人买不起的奢侈品总是能够带来最大的"面子"。

　　在封建社会时期，人总是会被分为不同的等级，所有出身平凡的人总是试图通过各种方法手段来改变自身的社会地位，尤其是在有一定的经济实力之后。当今社会虽然与过去存在着截然不同的社会性质，但是人们试图通过可以使用的方法来改变自身的命运却没有随着时间的推移有所改变。所有的消费者愿意购买奢侈品,除去它考究的做工、精美的设计、品牌优势之外的因素,还是因为奢侈品是进入社会特殊群体的一个名片。

种种原因的综合作用,促使中国消费者不断地流连于世界各地的高档奢侈品消费市场,但是前往世界所有国家的高档奢侈品店的中国游客就追求到了自我价值的实现了吗?

我们自己也知道,中国游客之所以受到世界上那么多国家的热烈欢迎,很大程度上都是源于我们"送钱"非常爽快,根本不是自己的价值观受到别人的认同。我们在消费世界各大奢侈品的时候,表现出了一些缺陷:

缺陷一:奢侈品品位的缺乏。

虽然中国经济得到了高速的增长,但是我们对于奢侈品牌的消费品位却没有丁点儿的提高。奢侈品是伴随着改革开放的进行才进入中国的,而且还是在改革开放的成果开始显现的时候,所以我们在接触奢侈品短短不到20年的时间里面,面对发达国家上百年的奢侈品牌我们显得品味非常缺乏。

正如作家潘翎曾经说过的那样,在多年的匮乏当中,我们看不到任何美丽的事物,而身边突如其来的美丽事物,让我们来不及学习提高自己的鉴赏能力,我们唯一做的就是在这么多美的事物面前失去自我,追求最光鲜、最耀眼的商品。试问在品位还不高的时候,我们怎么能够通过购买世界的奢侈品来完成自我价值的实现呢？

缺陷二：有钱就是时尚，时尚就是追求购买奢侈品。

曾经担任上海《艺术家》总编辑的俞雷曾经指出，如果我们想成为上层社会的一分子，那么，首先在外表上就要让他人知道这一点。或许他的言论是针对穿着而言的，但是从一定的角度来讲，这正是那些不顾一切地奔向世界奢侈品市场的消费者的最初动力。我们总以为钱多买到的就是时尚，奢侈品就是自我价值的体现。

或许你也是那些盲目在巴黎香榭丽舍大街穿梭的消费者之一，你购买的出发点或许很简单，你就是试图通过这样的方式大声告诉别人，你懂得时尚，你有钱，但是你忘了在选择品牌的时候，从来没有考虑过这个品牌是不是真的适合你自己，价高的奢侈品真的买回去就只是拿来"供着"吗？而你觉得你以"这个牌子有名吗"、"它很贵吗"、"有档次吗"等等问题来询问外国奢侈品销售服务人员的时候，你会觉得别人会真的认为你是在实现自我价值吗？

所以当我们对于奢侈品的"认识"还没有达到一定高度的时候，我们就盲目地成为西方人眼中"横扫巴黎的黄种人"，只是成为给别人送钱的人，这对于我们自身而言又有何意义呢？适合自己的奢侈品牌才是显示谋求自身价值实现的根本。

第六节　中国市场成了名牌的猎场

我们对于进入视野不到30年的奢侈品，了解总还是仅仅限于奢侈品表面上所表现出来的价格昂贵的性质，但是从奢侈品的定义我们可以看出，它是不同于其他的一般的消费品，它有着自己独特的特性：首先，品质高。奢侈品的制作，无论是手工还是设计，都是通过王牌设计师苦心设计的，在产品品质的要求上也非常苛刻；其次，体现传统与现代的完美结合。所有奢侈品品牌都是历史的沉淀产物，代表的是对高贵文化的信仰和传承；再次，奢侈品产品风格的独特性。强调个性的奢侈品总是无时无刻不在彰显个性，独树一帜的品牌风格也是保持长盛不衰的法宝；最后，保持供不应求的销售数量。传统手工奢侈品被商业化运作起来以后，商品的价格反而没有因为规模化的生产而有所下降，反而价格升得很快，这是因为所有的奢侈品都不会像普通商品那样靠量大来占取市场。

从奢侈品区别于其他商品的所有特性中，我们可以看出它的独特性必然要求它的销售有着它所特有的区别，对于如何选择奢侈品的销售地点，又必须存在非常特别之处。奢侈品对销售市场的选择条件相对来说会更加苛刻一点。比如所有的商铺开店都希望有源源不断前来购物的顾客，能够支撑人们购物的重要因素是人们的收入水平的高低，收入水平越高的人，越是有能力拿出更多的钱来消费，但是普通的商店可以开到一个小区里面，方便小区业主的生活，但是奢侈品的起价门槛就要求它所选择的开业地点，人们的收入水平达到丰厚的地步，于是我们看到的现象是奢侈品在中国开店最初选择的城市要么是北京，要么是上海，那是因为中国几乎一半以上的富人都生活在北京或上海，或者富人不在这两个城市居住，也会因为旅游、交往、参观、工作等各种原因来到这两个城市。

从另一个角度来讲，奢侈品选择进入一个市场是对这个市场的购买力、人气、经济发展的一种肯定。我们可以发现，从我们经济开始发展的那个时候开始，许多的奢侈品厂商开始把目光投向了中国市场，我们已经从原来单独依靠国外市场购买奢侈品发展到今天在国内、在自己生活的城市就可以购买到奢侈品，我们的这个市场成了奢侈品品牌争夺的猎场。

我们的经济高速发展带来普通居民的购买力增强，带动了奢侈品消费在我们市场的发展。中国进入改革开放之后在经济上取得的翻天覆地的变化是有目共睹的，中国每年创造的GDP（一个国家一年时间内创造的商品、劳务价格的总和）几乎都是排名前几位的，虽然中国人口有点多，但是依然不阻碍购买力上的极大提高。强大的购买力在很多的奢侈品展览会上都有所体现，比如在一次展览中，荷兰阿姆斯特丹的钻石厂商加桑（Gassan）在推出的切割121

面的顶级钻石，吸引了几乎所有参观者的目光，所有人都对这种顶级钻石表现出极大的热情，在展会开始时候的几分钟，一枚3.5克拉、售价150万元的钻石就被人买走了。来自瑞士的企业推出的劳力士手表，在展览的头一天，就卖出了好几块售价在20万元左右的手表，甚至有位顾客在对表带不满意的时候，豪爽地决定另外购买30万元的纯金表链来替换原来的真皮表带。

逐步富裕起来的中国人对奢侈品品牌的支持，无论哪个品牌都被我们所接受。中国的政治向来都是崇尚和平的，人们对战争的憎恶可想而知，面对二战时期给中国人民留下极度战争阴影的国家日本，我们依然保持着一颗包容的心。现在日本商场——伊藤洋华堂在大中华区都取得了很好的销售成绩，更不用说那些来自欧洲国家的奢侈品品牌。人们在消费奢侈品的时候，针对的全是商品本身的设计、材质、时尚度，而没有过多考虑品牌背后的文化，或许执着于某些品牌的消费者会关注他们所钟爱品牌背后的文化，但是绝大多数的消费者对于任何品牌的接受程度都相差不远。

除了我们经济的增长、我们对于各品牌的支持带动奢侈品销售量的增大之外，商务馈赠同时增添了奢侈品在中国销售的砝码。曾经，高档消费进入了政府采购列表当中，公款消费奢侈品对于那些掌握权力的人来说，或许只是一种身份的附属品，这也让诸多的奢侈品国家选择把中国当成是必须争夺的猎场。

各大奢侈品牌为了争夺中国市场展开了激烈的争斗，它们使出浑身解数，为争夺这场战争的胜利，比如蔻驰（Coach）在2011年公司上市的时候，抛弃了包括美国纽约交易所在内的所有国际性的交易所，而是选择在香港联合交易所上市，在香港上市更加接近中国内地市场，品牌抢夺中国市场的决心可见一斑，而且它是第一家在香港上市的美国注册公司，试图通过占据中国市场来提升全球业务增长。

除了采用在香港上市来靠近中国市场的方式外，各大奢侈品品牌想尽一切办法，还有很多种新型的进入中国市场的商业模式，比如把原本开在五星级酒店里面的专卖店，通过与商业地产联合的方式，汇集起来形成奢侈品集中销售区，香港新鸿基在上海浦东陆家嘴的IFC国金中心聚集了几十家国际大牌，香港太古地产在北京三里屯北里以及广州太古汇项目中都聚集了世界上知名的奢侈品品牌，在太古汇的路易·威登（LOUIS VUITTON）店铺运营业面积达到1800平方米，是LV品牌全球最大的店铺。

众所周知，维持奢侈品消费的根源就是一个国家地区的经济高速增长，当所有国外的奢侈品品牌都把我们视为是必争的消费者的时候，我们不能只是单纯地感到高兴，而应更多地思考现如今的发展方式是否能够维持长时间的高速发展，支持我们的高档消费。所有的国外奢侈品牌把我们当成必争的猎场，当然我们非常高兴，但是反过来，如果我们的经济出现明显的减速，那么极可能对奢侈品消费产生冲击，到了这个时候，所有的奢侈品牌还会争夺我们这个市场吗？

第三章　中国消费品：非典型的复兴盛世

第一节　为什么中国商品比美国贵？

如果从大街上，随便选择一个行人来进行随机采访，问他："如果要购买一件商品，但是这件商品在你家门口的小店卖家要比在几条街之外的大型连锁超市卖得贵，而且贵很多，你会选择到哪个商店购买你所需要的商品？"绝大多数人对于这个问题的答案，都会是到几条街之外的大型超市购买需要的商品，谁会愿意当冤大头，明知道小店的商品贵还要打肿脸充胖子，进去消费呢？即便到远处的大型超市购买商品需要一定的路费，但那也不妨碍绝大多数人做出理性的选择。

摆在货架上的商品存在着品牌、性能、规格、功效等等一系列的特性，但是这些特性中似乎只有价格才是最能引起消费者消费变化的因素，不然为什么商家的打折促销活动能够换来比平常多好几倍的销售量？

但是我们又不禁想问，家门口的小店卖得比大型超市贵，如果所有人都选择到更为廉价的大型超市购物，门口的小店似乎就没有了存在的价值，而且小店也会因为没有营业额走向倒闭。但是事实并非如此，即便家门口的小店价格较为昂贵，但是小店依然开得风风火火，完全没有要关门的迹象。

在奢侈品市场上，国内的奢侈品店正是那些开在家门口的价格昂贵的小店，而远在几千公里远的欧洲大国的店正是那些价格较为低廉的大型连锁店，我们很容易就能看到在中国"小店"的奢侈品价格远远高出"连锁店"很多，比如在美国买辆奔驰 E-320，要 5 万美元，相当于半年多的工资，在中国买辆奔驰 E-320，98 万元人民币，相当于十年多的工资；在美国买双意大利皮鞋，50 欧元左右，在中国买双意大利皮鞋，1500 元人民币左右；在美国吃份麦当劳的巨无霸，4 美元，在中国吃份麦当劳的巨无霸，20 元人民币；在美国买台苹果 G5 计算机，不超过 1500 元人民币，在中国买台苹果 G5 计算机，至少也要 3 万元人民币；在美国买一盒哈根达斯，3 美元，在中国买一盒哈格达斯，60 元人民币。

家门口的奢侈品店的价格普遍比国外高出一倍多，从美国 30 美元的汤米·希尔费格（TommyHifiger）牌 T 恤衫在国内标价 499 元和 799 元，从美国标价 500 美元的阿玛尼西装在国内 3 万元的标价，从美国不到 4000 美元的劳力士手表与 4.6 万元的中国标价，从美国 21000 美元的宝马

Z4与中国将近50万元的标价中，我们体会到的是中国奢侈品"家门口小店"的高价。

从表面上看，似乎看到巨大价格差异的中国消费者更加愿意到远处的"连锁店"消费，那里毕竟同样的商品价格更为低廉，即便是算上昂贵的交通费用，到海外买到的奢侈品价格依然会便宜好多，于是便有了一批又一批到海外扫货的"黄种人"，他们为世界上很多国家的奢侈品消费贡献力量。

如同家门口的杂货小店没有因为价格比连锁超市贵而关门大吉一样，中国国内的奢侈品店价格昂贵，却依然吸引了如此多的消费者前来购买，正是有了消费者极大的购买热情，尝到甜头的奢侈品商家才会疯狂地在中国市场上展开各种各样的争夺战。我们为什么在明明知道国内的奢侈品价格远远高于国外的奢侈品的前提下，依然选择消费呢？

到国外购买奢侈品一方面会需要花费大量的时间，长途的旅行奔波会阻碍我们的消费热情，买到的商品带回来也是件非常耗体力的事情，另一方面，国家法律规定限制从境外带回奢侈品的数量，限制了我们购买的欲望，所以即便国外的商品价格低廉，也实在无法完全满足我们中国人对奢侈品的购买需求。所以，当家门口有奢侈品店的时候，我们便在这些店中实现奢侈品消费。

即便我们选择了在自家门口的奢侈品店中进行消费，

我们也试图通过各种途径，了解我们把多余的钱花到了什么地方？为什么品牌上冒着销量不好的风险，在中国定出高于其他国家一半多的价格？在奢侈品价格这件事情上，所有的信息都是完全对称的，作为消费者的我们和厂商一样完全知道奢侈品在不同市场上存在的巨大的价格差距，即便这样，厂商为什么还是不得不在中国市场上定出高价？为什么相同品牌、相同款式、相同质量的商品，在中国市场上的售价比在美国高出那么多？中国的奢侈品比美国奢侈品贵那么多？

首先，奢侈品品牌针对不同市场的市场策略不同。在奢侈品品牌数量上，中国自主奢侈品品牌数量是绝对较少的，市场上的奢侈品品牌大多数都是国外的品牌。进入中国市场的奢侈品品牌从进入市场的时候开始，为了弥补在占有市场份额上的劣势，利用定高价定位高端来吸引富人购买，在有限的市场份额中扩大自己的利润，收获潜在的品牌溢价价值。

在国外商场能够用折扣来吸引消费者，而在中国市场上定位高端是不可能用打折来降低自身的"档次"。同时被高价吸引来购买奢侈品的富人们，不愿意看到刚买不到一个月的包包没用上两次，就成了"街货"，不值钱了。奢侈品品牌就是利用国内市场上消费者这样的心理，即便没有折扣，还是会有足够多的消费者趋之若鹜。

其次，税赋差距问题。据不完全统计，中国商品中所含的税比世界上任何一个国家都高，是美国的4.17倍、日本的3.76倍、欧盟15国的2.33倍。比如在中国商场中出售的100元的一款化妆品，包含14.53元的增值税、25.64元的消费税以及4.02元的城建税。简单以这三项税来说，整个化妆品税收就占到零售价格的44.19%，再加上产品生产和运输环节的间接税收，政府税收就占到了商品价格的50%以上。

除去巨额的运输费用以外，奢侈品作为进口高档消费品，根据中国的税法要求，按照不同的商品类别，需要缴纳6.5%～18%的进口关税、17%的增值税、30%的消费税。中国的进口关税是采取的如下的计算方法，进口关税＝CIF价格×进口关税税率；增值税＝（CIF价格+关税）×17%；消费税＝[（CIF价格+关税）+（1-消费税率）]×消费税率。举个例子来说，比如一件奢侈品的CIF价格为400美元（1美元＝6.5元人民币），进口关税税率是15%，消费税税率是30%，按照计算方法，这件商品的CIF价格将是2560元人民币，进口关税384元人民币，增值税500元人民币，消费税1261元人民币。也就是说，这件奢侈品只要是利用进口的方式来到国内商场销售，都会要求交纳税金2145元人民币，原价为400美元的奢侈品，通过进口到中国，售价至少会在4750元。

最后，强大的市场需求。来自美国、英国、法国还有意大利的奢侈品品牌，都有着悠久的品牌历史，同属欧美发达资本主义国家，奢侈品品牌贸易的互通是早就实现的事实了，所以在欧洲各国的奢侈品市场上，所有品牌的激烈竞争早已开始，同时消费者对于奢侈品的好奇心也极度下降。大多数奢侈品品牌从创立之初，就满足于当地的市场需求。但是相对于中国市场来说，几乎所有的奢侈品品牌都是从20世纪90年代才开始进入的，即便发展到今天也不过30年不到的时间，同时逐渐富裕起来的中国人，对奢侈品的市场需求急剧扩大。以最简单的经济学需求理论来说，市场需求大、供应量不足、供不应求的情况就会出现商品价格的大幅度提升。

在了解了消费在国内奢侈品店多余的钱去了哪里的时候，作为消费者的我们在心理上会多少找到一定的平衡，即便在下次不得不多花费的时候，我们不会消费了还感到非常不甘。

第二节 "不差钱"的先富者

从新中国成立的那个时候开始，我们就在通过不同的方法来实现所有人的共同富裕，但是中国社会主义初级阶段的基本国情让领导人认识到，一开始就追求共同富裕对于现在的中国社会来说是根本不可能实现的事情，同时也只会让中国社会发展的速度变得慢下来。在这种情况下，伴随着改革开放的进行，在解决温饱问题的同时，通过一定的政策鼓励一部分人先富起来，然后先富带动后富，最终实现共同富裕的目标。事实证明，领导人提出这样的政策战略是极具前瞻性的，所有先富起来的那部分人开始在社会经济中发挥重要的作用。

伴随着先富者的财富不断积累，他们的购买力增强，他们的奢侈品品牌意识也逐渐形成，"先富者"们在奢侈品购买上显示了完全"不差钱"的气势。有媒体曾经报道，在国外的商场里面，那些用麻袋装着钱的煤老板们在挑中中意的商品之后会直接选择用现金支付的方式把商品买下。先不说这些报道是否存在夸张成分，但这的确能够从另一个侧面反映出中国那些富起来的人是多么的不差钱。

同样，"不差钱"的先富者们在很多的奢侈品购买上显示了财大气粗的气势。比如：在欧洲无人问津的英国皇家御用车宾利旗舰店，标价1188万元的雅致728宾利车，从来到上海之后，展出不到两周的时间，就被"不差钱"的买家悄悄定下买走了；在北京，宾利车系中价值为888万元的豪车，在很短的时间内，就被开走了3辆；南京的一家美容中心，结合国外顶级的化妆品品牌，开发出价值为1.288万元的美容金卡，虽然配以高档化妆品的美容服务，享有奔驰接送的气派，但是对于高档化妆品来源国家来说，如果放在本国，基本上是不会有客户的，可是在中国，一经推出，就受到南京"不差钱"消费者的欢迎和追捧；在香港，三瓶拉菲酒庄的陈年红酒，卖出了每瓶23万美元的天价；在贵阳市，一瓶"精装汉帝茅台酒"以890万元成交；在海南三亚举办的国际奢侈品展上，从几千元的墨镜到几十万的高档手表都有人购买，甚至上百万、千万的豪华游艇和公务机在短短的4天也卖出了14艘……

这些完全"不差钱"的先富者对于奢侈品的购买完全就如一匹脱缰的野马，充满消费热情，疯狂而没有任何节制地消费，消费欧洲人都不敢尝试的高档奢侈品就如同买一道小菜，显得是那样的轻松、自信、随意、随兴。在中国只有2%～3%的人是富人，但是他们却很能花钱，并且愿意花钱，他们会在简单的一次采购中，轻松地花费掉20万元人民币。

很多人在看到先富者们这样奢华的消费的时候，不禁会问，难道这些人的钱是捡来的吗？难道他们在一掷千金的时候不会心痛吗？难道他们不会觉得自己这样的消费"不可持续"？他们疯狂的背后隐藏的是他们在有钱之后怎样的心态？我们先不把"不差钱"的先富者们的消费行为视为是"疯子"才有的消费行为，因为对于他们来说，即便看似"疯狂"的消费，也能够给先富者们带来同样价值的消费，如果只是一味地把钱拿出去给别人，把钱拿给那些商家，还不如拿出来做善事，至少还会得到社会大众的认可。

探究"不差钱"的先富者们，在购买奢侈品时如何做到轻松、豪气、随意，我们就必须从他们是如何从普通大众一跃成为先富者的经历开始说起。他们起初都是同现在的普通人一样，只能过上简单的生活，但是就是因为抓住了国家鼓励先富者先发展富裕起来的机会，同时他们成为先富者的方法有多种，或许因为创业赚到了财富，或许因为某项设计申请到了专利，或许因为政策补助等等，无论采用什么方法变成了先富者，这个过程都是在很短的时间内就完成了的，从起初的一无所有，发展到10年20年后的"先富者"，他们经历了在短时间的财富积累。

这样的生活经历告诉先富者们，10年的时间可以发生很多的变化，可以从原本的一穷二白变成现在的家财万贯，可以从骑自行车变成以豪华轿车代步，可以从只有一种款式的中山装变到各种豪华的服饰，可以从一个小房子变到豪华别墅等等，所以他们同样觉得财富是可以在短时间内实现积累的，于是他们在消费奢侈品的时候就显得毫不手软，他们也同样觉得这样的简单变化根本算不得什么，现在花出去的钱在短时间内就可以轻松地挣回来。

说完"不差钱"的先富者们的成长经历对他们的消费观念带来的影响，再说说突然富裕起来的人在心理上产生了怎样的变化，让他们在购买"贵"的商品的时候，丝毫没有胆怯。是什么让从计划经济时代走来的先富者非常自然地适应了角色的转化？

在最初解决温饱问题的阶段，中国社会的每个家庭在生活上都是非常小心翼翼的，把赚来的钱做好周详的计划，然后再节省地花钱,甚至在买小菜的时候,都会为1毛钱砍价,可是伴随着经济的发展,先富者们的生活开始变好了,他们拥有的钱已经到了让他们不用为了那些小钱而上心的时候,他们过了那么久的艰苦生活,富裕起来,肯定追求的是更多的享受。当然在市场经济时代,有钱之后最好的享受方法就是购买那些一般人无法购得的商品,到一般人不能去的地方享受生活。

在中国的传统社会从来都是有等级制度之分的,在尊卑有序的社会当中,越是上层人越容易受到别人的尊重。这种无形的等级制度的影响根深蒂固,无论我们对等级承认还是不承认、接受不接受、喜欢不喜欢,它就是已经渗透到我们的遗传因子里面,影响着我们的思考。

先富者们从普通大众中突然脱颖而出,他们的本能驱使他们通过各种外在的形式来改变自己的社会等级,最简单的方法当然就是把赚到的钱换作实物让所有的人看得到,化无形的财富于有形的奢侈品,他们靠着这些"血拼"回来的奢侈品改变身份。

最后,我们不得不承认从半殖民地半封建社会中走来的中国人,在民族情感上是鄙视外来物品的,然而在开放的市场经济环境下,我们又不能一味地抵制外货,对于外来文化的鄙视总是需要用一定的方法找到突破口。当我们有钱的时候,购买奢侈品时,是奢侈品品牌精心、特地为中国人准备的,买他们的东西就是为了显示出我们对于他们来讲是不同的，我们的社会发展已经让我们完全有了更高的世界地位，我们已经不再是那个受人随意欺负的"东亚病夫"。所以先富者们在疯狂购买外来奢侈品的时候总是在享受着来自那些欺负过我们的国家的服务，这当中的优越感当然无以言表。有这样一句话可以概括这样的心理，那就是："如果我有能力买下你的货物，我就比你优越。"

先富者们显然没有那么无私，他们在有钱之后并没有实现当初的设想，带动还处于社会底层的人们共同致富，他们迫不及待地将自己的财富展现在所有人面前，试图通过在奢侈品的购买上实现自我社会地位的改变，试图通过在奢侈品的购买上表达自己的信心，试图通过在奢侈品购买上展现自我的民族情节，所以才有了"不差钱"的先富者在面对选择奢侈品时的毫不吝啬、轻松自在、随意随兴。

第三节　迷信"洋品牌"的消费理念

我们经常会发现，在社会生活中总是存在很多自相矛盾的事情，比如我们表明坚决支持国货的同时，外来品依然在中国市场上火热畅销，比如我们在崇尚勤俭节约的美德的同时，奢侈品消费依然让中国变成世界上第二大的奢侈品市场。在这些看似矛盾的事情当中，我们一方面为自己的某些特征感到骄傲自豪，另一方面，又体现出我们对于国外商品的明显偏爱。

正如我们随便在哪一次关于富人的品牌选择调查中发现的结果一样，中国富人们总是更喜欢来自外国的奢侈品牌，中国人总是对漂洋过海、远道而来的外国品牌表现出惊人的友好，在中国畅销的排名前十的奢侈品牌完全看不到国有品牌的身影，即便是那些在中国工厂里面生产，但是却"贴牌"销售的品牌，会比同样出自该厂家的牌子卖得更好，我们在挑选购买商品的时候，也总是会愿意把目光投向这类来自外国品牌的商品。

我们环顾周围，目前还没有任何一个国产品牌能够入得了我们的法眼，能够让我们把它排到与外来奢侈品牌同样的地位，进入到我们的选择菜单当中，但是同时我们又养成了一个非常特殊的价值观念，那就是我们相信"洋品牌"能够给我们带来满足期望的消费体验。在我们的脑海中，我们无时无刻不在进行着这样的一场激战，从一定程度上来讲，我们承认在民族情感上，我们应该更多地支持自有品牌，另一方面我们又承认外来西方品牌所具有的产品价值，接受来自西方的文化。当一个握着 LV 皮包、挽着白皮肤外国籍男友的女性在大街上走过的时候，他们的回头率是很高的，同时周围的人都会非常羡慕这个女孩，她在我们心中的定位就突然地猛增了。

如此一来，我们便养成了迷信"洋品牌"的消费理念，我们挑选物品的标准已经不再是"喜欢"或"不喜欢"、

"适合"或"不适合"、"满意"或"不满意",而是"名牌"或"洋品牌","洋品牌"变成了我们唯一的标准。如同心理学上讲的一切的行为都是出自某些原因一样,我们购买奢侈品的行为也是与我们形成的崇尚"洋品牌"的消费理念是分不开的。

那么,什么是消费理念呢?最为原始的解释把消费理念定义为是人们对待其可支配收入的指导思想和态度以及对商品价值追求的取向,是消费者在进行和准备进行消费活动时对消费对象、消费行为方式、消费过程、消费趋势的总体认识评价和价值判断。简单来说,消费理念就是影响消费者在进行消费行为时的一种思想。思想是看不到的意识形态,虽然看不到但是却能对人们产生最强大的影响力。消费理念的变化必然带来消费选择的变化,同时也受到其他因素的影响。

从抵制"洋品牌"到崇尚"洋品牌",我们走过了不过短短30年的时间,在这段时间里面,我们经历了社会的进步,我们改变了传统的消费理念。迷信"洋品牌"的消费理念给奢侈品在中国的热销提供了一个非常好的解释,同时也是促使中国市场成为世界上最具有潜力的高端市场的主推动力。

多种复杂的原因让我们形成了这样迷信"洋品牌"的消费理念,这样的消费理念影响着我们的消费选择:

"洋品牌"的消费理念影响我们的品牌偏好。我们在消费的时候，总是在不断地尝试着寻找到那个适合自身的品牌，一旦找到所谓"契合"的品牌，我们便会对这个品牌非常偏爱，在以后的消费过程中都只会选择这个品牌或者这个品牌的旗下分支品牌。然而我们心中没有对于品牌偏好的绝对衡量标准，只要是我们的消费理念能够在这个品牌上得到实现就是理性的消费选择。当我们心中越来越崇尚"洋品牌"的时候，在消费理念的促使下，我们在消费过程中会选择不断地接触新鲜的国外品牌，于是支持国货便成了一句完全没有作用的口号，选择"洋品牌"变成了我们的购物本能反应。

"洋品牌"的消费理念影响我们对于品牌产品的消费评价。消费者的消费感受和评价是直接影响消费者会不会成为一个品牌的回头客的关键因素，把一个第一次消费体验评价非常低的消费者重新拉回到让他感觉非常不好的商店，这比让他接受惩罚还痛苦。我们是不可能允许自己第二次踏入一个让我们消费体验不好的品牌商店。

从计划经济走来的中国品牌，还沉浸在不怕商品卖不出去的消费模式上，对消费者的消费体验、环境、服务质量毫不考虑，这让本已偏向"洋品牌"的消费理念的我们更加嗤之以鼻，已然习惯在"洋品牌"的体验式消费、优美环境中消费、优质服务中消费的我们，在体验消费的过程中自然而然地就形成消费评价，同时这样的消费评价又影响着我们会不会当这个店的回头客。

"洋品牌"的消费理念影响我们的消费选择。从传统意义上来说，我们的消费选择包括消费过程中品牌的选择、消费场所的选择、消费方式的选择。"洋品牌"的成功销售模式被诸多的国内品牌学习和借鉴，当中不乏成功的品牌，但绝大多数摆脱不了东施效颦的嫌疑，消费模式可以被模仿，给消费者带来自由、奢华、品质等消费理念却不能被超越。在了解到这样一个简单的事实之后，作为消费者的我们不再愿意继续在"模仿者"身上浪费更多的时间，找到源头的消费便充实着我们一切的消费行动选择。

"洋品牌"的消费理念影响我们的未来消费。人的思想形成都会经历一个过程，在形成过程当中，很多因素都会带来影响，甚至改变原来的整体方向，比如用你的思想影响一个小孩比影响一个成人容易很多，年轻人接受新鲜事物的速度比中年人快许多。我们在形成消费理念的过程中，受到外界的影响是必然的，但是如果一旦我们形成了迷信"洋品牌"的消费理念，外界的影响对于我们来说又是微乎其微的，消费理念是难以被改变的，在未来的一段时间当中，这样的消费理念将是对我们做出消费选择的关键因素。

当我们已经在中国制造的商品中徘徊已久，突然进入视野的"洋品牌"便迅速地抓住了我们的目光，在经过一番的尝试新鲜之后，我们便找到了契合的"洋品牌"，已经从最初的尝鲜养成了消费"洋品牌"的习惯，这样的消费习惯一旦形成之后，我们便很难改变。

第四节 "80后"扎堆儿的提前消费

奢侈品从进入我们的视野当中，发展到现在还不到30年的时间，但是在这短短的时间里面，奢侈品在中国市场上已经展现除了惊人的发展速率，我们国内的奢侈品消费总量已经达到了世界第二的水平，超过了几乎所有的欧洲发达国家。我们从对奢侈品一无所知发展到现如今的世界奢侈品消费大国，我们总是不免好奇地想知道是哪些人在支撑着巨额的奢侈品消费？他们到底有多强大的力量可以让中国在世界奢侈品市场上展现出惊人发展魅力？他们拥有怎样的收入、财富、消费心理，让他们这样义无反顾地坚持购买奢侈品？

在发达国家中主要消费奢侈品的阶层年龄集中在40岁到70岁之间，他们是有着经济积累的社会群体，在积累了经济基础上还培养了很强的奢侈品品牌意识。购买奢侈品对这部分人来讲是毫无压力的，随性、肆意地消费奢侈品毫无后顾之忧，但是这个年龄阶层的奢侈品消费者较为稳定，不会轻易更换本已熟识的奢侈品品牌，品牌忠诚度很高。基本上被广大消费者所熟知的奢侈品品牌都是来自于发达国家，本国市场已经处于高度被挖掘的状态，没了增长的态势。由于发达国家的奢侈品消费主体的年龄层比较偏于老龄，进入老龄阶段的消费者数目较为有限，再加上其他固化的品牌市场占有率等原因，对于成熟的市场的深度挖掘意义已经不大。

然而，中国消费奢侈品的人群与发达国家存在着极大的差异。据相关的资料显示，我们国家支撑奢侈品市场的消费者年龄都集中在20岁到40岁之间，这些年轻的财富新贵支撑起了整个中国奢侈品市场的兴旺，比如在北京的奢侈品市场消费者调查中，奢侈品消费人群被简单地分为几类：第一部分是来自北京周边东北、山西、内蒙古的消费者，奢侈品产品在这些城市不够齐全，富裕起来的新贵越来越多；第二部分到北京找关系、找朋友送礼，临时购买奢侈品的人群；第三部分是北京的文体明星、演艺圈人士；第四部分是靠祖辈们留下遗产享受生活的"富二代"和对生活品质有很高追求的年轻人。

从我们身边的稍微上年纪的人身上，可以看出，他们从艰苦生活一路走来，他们当中的大多数是不会拿着自己的钱去购买价格昂贵的奢侈品的，同时他们心里也完全没有任何的奢侈品品牌的概念。但是中国年轻一辈的情况却截然不同，追求新鲜事物、尝试品牌、了解时尚等原因促使他们接触来自发达国家的奢侈品牌，在中国奢侈品市场的极具增长的背后，是80后们在支撑着发展。而且80后们对于奢侈品的消费强度远远大于西方国家的那些早已富裕起来的中年有钱人，我们的80后们在什么样的状况下选择消费昂贵的奢侈品呢？

80后的年轻人在有财富之后，总是想通过一定的方法展现自己的个性。年轻人总是追求时尚、个性、新颖、酷帅的。伴随着我们的社会发展，逐渐具有购买力的年轻人们在普通商品上不能实现这样的个性展示，他们把目光投向了具有国际背景的世界各大奢侈品牌，当他们开始在奢侈品牌的购买尝试中得到了满足的时候，他们就会成为同类人中的时尚代名词，在朋友圈中展示出很好的带动作用，其他那些有能力展示个性的年轻人也会效仿同样的消费习惯，同时再加上现如今年轻人传播消息的方式非常便捷，在很短的时间内，所有的年轻人都培养起了消费奢侈品的消费习惯。

正如前面分析过的消费习惯对于影响一个人的消费是占据绝对的影响力一样，年轻人一旦有了消费奢侈品的消费习惯，便不会轻易改变，即便他们是社会上最具有尝试新鲜事物能力的一群人，奢侈品消费在年轻人当中具有强大而不可撼动的地位。我们都是在模仿别人的过程中，形成自己的想法、意念的，同时为了防止厂商和消费者之间的信息不对称，蒙受消费损失，以周围亲戚好友、同事、偶像的消费水平为参考，形成自身的消费行为。偶像的消费示范作用永远很强，比如那些只能花得起100元买一个手袋的学生会花上万元去买一个奢侈品手袋，完全是受到偶像消费的影响。

年轻人处于刚独立到自己可以对钱财进行分配使用的

年龄，之前碍于没有收入、家庭、学生身份等因素的限制，他们手中可供使用的钱财总是有限的，可用的钱完全不够支撑他们实现个性化发展的需要。于是当他们手中的钱多到一定程度的时候，他们便开始毫无顾忌地选择可以购买的奢侈品，他们大方地向所有人炫耀自己的财富、展示自己的独立。

年轻人是没有社会地位基础的，不被社会所重视或尊重的，现在有了方法可以得到别人的尊重，于是他们通过各种方法也要得到使自己得到尊重的资源。通过一定的方式来获得社会认同和赞赏，购买和使用稀缺的、具有卓越品质的、高昂价格的奢侈品来传达自身身份、财富、地位等信息，炫耀性心理滋生消费。奢侈品是反映社会地位和生活水平高于大众的一种特殊商品，是一种用以炫耀的资本，代表着成功和富裕。年轻群体由于缺少用以显示自身身份的资本和用以炫耀的附属品，为了炫耀来购买奢侈品是构成消费的主要原因之一。

在影响年轻人消费奢侈品的因素当中，有种因素是最具有影响力的，那就是年轻人的从众心理。从众就是在选择消费商品的过程中，虽然我没有钱来追求特殊，但是我却不能消费比别人差很多的品牌商品，我不能让其他的人看不起，所以当周围的人都用上一个品牌的物品的时候，我也必须要有，要不然总感觉会被这个群体所抛弃。比如，现如今的白领们在手机等电子产品的选择上，为什么都高度统一地选择 iPhone 系列，难道真的每个白领都认为 iPhone 手机才能有所有的功能吗？还是只有 iPhone 手机才能满足自己对电话的需要？当然不是，很多人是因为周边的同事都已经有了 iPhone 手机，自己不用好像是不是显得有点落伍，不用是不是让自己表现得太特殊，在这种从众性心理的驱使下，奢侈品牌在年轻人当中的流传速度快得惊人。

而我们从小的教育都是以崇尚"我们"这种集体荣誉为荣，坚决打击极端的个人主义，例如幼儿园到高中的统一校服，全国各省的统一学习资料，每个学校相同的教学模式，坚决的统一行动……在学校呆了十多年的80后们，怎么可能轻易地抛去从众性心理。虽然从众的消费方式总是难免会让很多高档商品陷入到"街货"的尴尬境地，但是这个问题对于奢侈品而言，从来都不是问题。奢侈品牌特有的性质是在坚持品牌的同时，产品追求个性，这完全满足了年轻人在追求品牌统一的同时，又能在不同的商品上展示个性的需要。

血气方刚的年轻人比起成熟的中年人来说，总是会有很多冲动的时候，再加上年轻人在现如今的社会生活中，面对高于一切的压力，无论冲动也好、压力也罢都需要找到一条发泄的方法。商业社会中最好的发泄方法莫过于购物、消费，年轻人当中总是流行着这样一句话："当你把钱花出去的时候，你的心情自然而然地会变得非常好。"

不管出于什么样的消费动机，我们身边的年轻人提前消费奢侈品的现象已然形成了。当然在社会上对于年轻人提前消费的批评声音很多，作为年长一辈的人，或许不了解这些浪费的消费，但是请从年轻人的角度出发考虑，站在他们的角度你会了解奢侈品消费给他们带来的你无法理解的消费感受；作为提前消费的年轻人，面对社会的质疑，请在奢侈品消费之前，仔细看好自己的腰包，考量自己的消费实力，不要为了过多地追求奢侈品消费让自己未来的生活陷入各种窘境，要明白消费是给我们生活增添色彩的，不是拿来影响我们的生活的。

第五节　炫耀性消费

奢侈品名牌在亚洲的传播被分为五个时期，这几个时期是依据社会的发展进程和人们的消费习惯来划分的，第一个阶段是征服期，在这个时期，整个社会处于独裁统治阶段，奢侈品消费完全就是贫穷与富贵的区别；第二个时期是富裕期，就是在社会经济增长之后，社会精英开始购买奢侈品；第三个时期是炫耀期，这个时期新富裕起来的人试图通过购买奢侈品彰显财富，展示经济实力；第四个时期是适应期，大部分人都拥有了购买奢侈品的实力，购买奢侈品的需求从"个人需求"发展到"与群体一致"；最后一个时期是生活期,这个时期是奢侈品销售的最高境界时期,在这个时期里面,奢侈品区别于其他商品的"奢侈光环"已经退去,自信、有眼光的买家已经习惯了奢侈品消费。

如果应对我们社会的发展实情来看的话,目前我们的奢侈品消费应该在第三个时期,社会上还没有足够多的人能够买到奢侈品,奢侈品仍然是新贵们展示经济实力、彰显财富的产品。人都是这样,一旦有钱,就想炫耀,就会热衷购买那些能够展示经济实力的奢侈品,同时非常着急地展现给别人。比如带着香奈儿的饰品、背着LV的包包,就是更高地位的象征,就是在告诉别人自己的丰厚家底或者是更高的社会地位。

著名经济学家凡勃伦的理论在中国人身上得到了最好的印证,我们身边富裕起来的人已经迫不及待、争先恐后地消费着奢侈品,买豪车、住豪宅、送孩子到海外留学,甚至家里的宠物都有专门的狗保姆照顾,穿着著名设计师设计的"衣服",肆无忌惮地向其他人展现自己的财富。富裕的上层阶级通过对物品的超出实用和生存所必须的浪费性、奢侈性、铺张性消费,为的是向他人炫耀和展示自己的金钱财力和社会地位,以及这种地位所带来的荣耀、声望或名誉的炫耀性消费,这一点在一些中国人的身上体现得淋漓尽致。

回顾我们的历史,我们中国人自古都是爱好面子的,喜欢进行炫耀的。古代的人家里有个什么喜事，比如家中谁参加科举中了个举人什么的，总是会拿出来炫耀一番的。同时中国人的爱面子同样是出了名的，儒家思想总是教导人们重视"礼、义、廉、耻"，"礼义廉耻，国之四维，四维既张，国乃富强"。我们考虑最多的一个问题除了是礼仪之外，就是面子问题了，我们无时无刻不在考虑面子问题。"饿死事小，失节事大；宁为玉碎，不为瓦全；士可杀，不可辱"都是对我们爱面子的最好印证。

有时候我们爱面子甚至到了世界上任何哪个国家的人都无法匹敌的地步，比如在请客吃饭这件事情上，外国人讲究节约，有多少人点多少菜，吃完便是最好。恰恰相反，我们哪怕是没有钱，在请客这件事情上也是马虎不得的，虽然有打肿脸充胖子的嫌疑，但是不管客人是一个人还是一桌人，我们总是要满盆满碟地往桌上端菜，摆满整大桌，还谦虚地说道："没菜、没菜，希望不要见怪……"结果，造成了"朱门酒肉臭，路有冻死骨"的浪费场面。为了争夺面子，我们做出的恐怖事件远不止这件，砸锅卖铁只为实现一个消费欲望，实在没办法即便是违法犯罪掉脑袋也不后悔。

我们特殊的"面子观念"使得因为炫耀原因消费奢侈品数量变得非常庞大，富人通过消费奢侈品证明不同于普通人的地位和身份；商人在商场上利用炫耀性消费塑造或重塑人际关系，便于日后积累社会资本，最终将资本转化为利益；普通人则是为了保护或者提高自己的尊严，在他人在场的情况下对产品的展示或使用维护面子。

为了面子消费不需要的商品这件事情已经早就超出了我们的想象，我们为了满足他人的期望保存面子，总是会想做出符合礼仪和社会准则的消费购买，虽然这会与我们的真实内在自我、实际购买力相违背，但是我们也不会改变消费奢侈品的决心，甚至可以说是不计后果。比如在高档写字楼工作的白领，即便刚入职不久，工资仅够维持基本生活，为了配得起在高档写字楼上班，就算提前消费也必须购入奢侈品商品。

正是我们的这么强的面子观念，让几乎所有进入中国市场的奢侈品得到了最好的发挥，无论他们选择在中国的哪个城市开设营销店，无论选择在哪个地方进行销售活动，总是会有好面子、好炫耀的中国消费者前去购买。这才有了那么多的奢侈品品牌选择进入中国市场、抢占市场，试图弥补在其他国家失掉的消费份额。

在对亚洲的奢侈品市场发展的五个阶段描述中，无论是前面的征服期、富裕期、炫耀期还是适应期，在这些时期，奢侈品的消费都是长久不了的，只有当奢侈品消费变成所有人的一种生活习惯消费的时候，整个奢侈品市场才算得上是能够长久发展的。当一部分悠闲阶层在为了面子、炫耀选择大肆地选择消费奢侈品的时候，快要崛起的中产阶级或许能够靠着较为丰厚的收入支撑社会奢侈品的继续发展，无论是购买独立公寓、为子女父母添置物品，甚至是购买没什么用处的奢侈品，都是可行的。但是我们不得不看到，我们是一个人口大国，人口数量相当庞大，贫富差距也日益凸显，还有一部分人都还没有解决温饱问题，一些先富起来的人却已经在炫耀财富了。

第四章 "名牌拜物教"的猖獗

第一节 比上帝还上帝的"教主"——创始人

作为中国人，我们经常都在被自己所创造的物品所感动，比如说在科技完全不发达的秦朝时期仅靠劳动和智慧修建的万里长城；抗震救灾时期，人民的团结奋战赢得了战胜自然灾害的胜利……从古至今，我们总是在不经意间就创造了奇迹，当然在经济发展上也不例外。从闭关锁国的自我封闭到现在甚至赶超世界发达国家的发展水平，我们仅仅用30多年的时间就完成了他们用上百年时间才创造的建设成果。我国的居民消费水平也以同样的速度赶超着世界人民，资本主义国家利用上百年的时间积累沉淀、创造的奢侈品品牌在我国市场上迅速赢得了市场。

我们之所以会被我们创造出来的各种奇迹所感动，在很大程度上，我们无法用常规的发展规律道理来解释我们的行为，而这个时候我们把所有的东西都归结到唯心主义上，相信是我们的思想、智慧、信仰让我们完成了不可完成的事情。

现在我们所要讲的中国人创造的奇迹，是在接触一个全新的事物——奢侈品牌不到30年的时间，就可以成为全世界第二大的奢侈品消费国家，我们不仅被来自西方的品牌征服了，而且势不可挡，速度惊人。那么其中的奥妙何在？是单纯的我们所创造奇迹的惯性？还是这些奢侈品牌针对我国特殊的市场做出了不一样的调整？更或是因为品牌自身特殊的魅力吸引？

奢侈品牌在攻占亚洲市场的时候，在传统的营销模式上进行了变通，更加注重培养大批的奢侈品追随者，通过制造名牌拜物教来收获成功。我们是创造了奢侈品的消费奇迹，奇迹的结果是由我们创造的，但是奇迹的过程或许是我们却被品牌商所牵引，我们不知不觉地就进入到了品牌拜物教的行列当中。究竟是因为我们创造奇迹的惯性还是被卷入品牌拜物教，更或是其他的原因缔造了中国奢侈品奇迹，让我们来探个明白。

简单来说，如果单纯是因为我们自身的原因，因为我们的经济发展了，收入水平上升了，对钱的支配能力提高了，消费奢侈品的欲望变强了，我们就可以在毫无奢侈品品牌的基础上在短时间内创造出世界第二大的奢侈品消费市场吗？这么简单的答案似乎在复杂的市场经济下有点说不过去，貌似完全没有意识的我们在没有任何外力的条件下，主动地、自觉地去选择购买价格非常昂贵的奢侈品，没有起初的奢侈品购买尝试，哪来后面创造奢侈品的销售奇迹。

对于这个假设的答案非常清楚，那就是没有品牌商的外界作用，单纯靠着我们自身的自觉作用，我们是不可能像缔造长城、抵抗地震那样，创造商品世界的奇迹。那么我们就不得不从品牌商对我们消费奢侈品的引导作用来分析，到底是什么让我们创造了如此巨大的奢侈消费。

创造于西方的奢侈品牌，如何能够控制在几千里之外的我们？让我们仅仅跟随在巴黎、米兰的名牌教派的身边，一切的活动都在他们的控制之中。这就是品牌拜物教的魅力。奢侈品牌通过各种不同的方法让我们在不知不觉中就成了它的忠实教徒，比如开展品牌时装展、明星代言、宣传创始人的事迹等等。如同佛教、伊斯兰教等传统教派一样，不仅教派本身对派外人是种吸引，各种传教活动、礼拜活动都是吸纳教徒的最合适方法。

一个教派的成功，除了宗教本身的特殊性之外，最重要的还是要有被教徒们奉为上帝的"教主"，教主们即便什么事情也不做，也对教徒有最直接的吸引。比如释迦牟尼的成佛事迹在几千年被教徒们所推崇，基督耶稣的精神鼓舞着所有教徒。品牌拜物教的教主们同样以他们独特的魅力，掌控者全世界的品牌拜物教教徒。

不同于其他传统教派的是，品牌拜物教的教主不是简单的一个人，他们是每个品牌的创始人，在教徒们的心中，他们是比上帝还上帝的"教主",品牌创始人是整个奢侈品品牌成立到发展壮大,再到成为消费者的上帝整个时期的灵魂,为品牌指引方向、奠定基础起到决定性的作用。让我们来看看这些特殊的比上帝还上帝的"教主"——创始人是以怎样不同的方法来掌控散落在世界各地的教徒的。

首先从我们最为熟悉的奢侈品牌 LV 的教主开始说起,我们亲切地将 LV 称为"驴"牌,LV 在中国的教徒们中的普及度是最高的,它品牌的任何变动都会在我们当中引起巨大的反响,让我们来仔细解析 LV 的创始人——路易·威登是怎样从创造品牌到发展品牌,最后到引领教徒的。

路易·威登出生在法国东部的一个木匠家庭,从小学习木箱等木制品的制造技术,生活经历坎坷,16 岁时背井离乡,到巴黎为贵族收拾行装。1854 年开始在巴黎开设了以自己名字命名的第一间皮箱店,开始了领导 LV 在国际奢侈品市场的征程,他革命性地创制了平顶皮箱瞬间风靡了整个巴黎,成为被争先抄袭的对象。在路易·威登的带领下,LV 始终坚持在箱包的品质、设计、工艺上保持最高的制作水准,经过几十年的发展,LV 箱包的种类变得繁多,创意十足,品质优异。在 1892 年路易·威登离开人世之后,他的儿子继承了品牌"上帝"的地位,他用父亲姓名中的简写 L 和 V 配合花朵团,设计出了到今天仍然蜚声国际的交织字母 LOGO,也从未改变 LV 从创立之初就坚定的以高贵的品质引领时尚的追求。

虽然 LV 教派的教主路易·威登已经离开了我们，但是教主的掌控力依然在全世界 LV 教徒们当中发挥着巨大的作用，在教徒们心中长久地保持着无与伦比的魅力，这从 LV 在中国每个城市开店都受到极大的欢迎可以看出来。

与路易·威登不同的另一位品牌拜物教教主，理查·布兰森却是用疯狂式的方式，引领着教徒们的活动，教徒们亲切地给予他"英国最聪明的人"、"疯子"等称呼，在推广维珍（Virgin）集团的时候，他的方式是疯狂、张扬、奇特、创新的。他几乎不顾及自己的形象，比如宣传"维珍新娘"婚纱的时候，他便穿上价值 1 万多美元的婚纱引起媒体的关注；为了宣传"所见即所得"的品牌理念，他几乎带领着二十几个几乎全裸的模特在伦敦街头裸奔；他曾驾驶热气球达到 3 万英尺的高空；横渡大西洋；维珍航空开通英国直飞上海的航线；上海马路上出现的红色双层公共汽车上，也印有维珍的 LOGO 等等。

理查·布兰森被外人看来是奇异的做法，不惜牺牲自己的形象，打破常规，吸引教徒们关注，种种惊世之举都是为了打响品牌的影响力"反传统、标新立异、不拘一格"的领导个性也深入人心，在他的带领下，世界上几乎每个角落的消费者都知道了维珍集团的名字，品牌知名度快速扩展，维珍的教徒们也在世界各地支持着这位教主的行为。

通过路易·威登和理查·布兰森的行为，我们可以清楚地看到，这些品牌的教主们是如何通过独特的方式吸引教徒们的，我们在这些教主带领下，创造各种的奢侈品奇迹当然也是自然而然的事情了，我们通过购买、挑选奢侈品的方式来展示我们对于品牌的忠诚，世界其他地方的人也是一样，甚至像玛丽莲·梦露这样的明星都不例外，她曾经说过，她只穿香奈儿5号睡觉，除去香奈儿之外的其他商品不能给她带来同样的安全感。

第二节　消费者顶礼的图腾——名牌

正如上面分析的一样，奢侈品牌为我们缔造了品牌拜物教，在一些已经进入品牌拜物教的教徒们当中，我们信仰品牌拜物教就如同信仰上帝一样，我们对品牌表示忠诚的时候，会把信仰寄托到某些可以看得到的物品上。信仰的力量是伟大的，在遭受困苦、磨难的时候，具有信仰的人们会把动力转向到顶礼的对象上，正如心中有梦的人不害怕实现梦想过程中遭受的痛苦。

宗教信仰之所以几千年来都经受得住各种考验，宗教信仰作为一种意识形态建立于现实生活之上，给信仰人带来的是精神动力和精神鼓舞，除去信徒们心中所坚持的膜拜之外，更多的还是把信仰集中到特定的图腾上。在商业经济时代，名牌也逐步演化成为一种商业宗教，带给信徒们精神的寄托和敬仰，商业宗教带给我们的信仰力量也是非常强大的。正如在高档写字楼工作的白领，可以为了买一个LV的包包，省吃俭用大半年；个别青年人可以为了得到一个新款iphone手机，不惜卖肾、卖血，伤害肉体以期得到精神享受。

作为消费者顶礼膜拜的图腾，名牌在世界各地都受到消费者的追捧。为了争夺名牌我们甚至做出一些不法行为。在试图分析图腾崇拜为什么会带来这样巨大的影响力的时候，我们又要探索到图腾崇拜的起源上。所谓图腾崇拜是发生在氏族公社时期的一种宗教信仰现象，通常表现在对动物的崇拜上，同样是对祖先崇拜的一个组成部分，原来的图腾一般都是出现在旗帜、族徽、柱子、衣饰或是身体上。随着社会的发展，图腾崇拜的对象也发生着改变，尤其是到了新的商业时代，品牌就逐步演化为新商业时代下的新符号。

图腾崇拜发展到商业社会，崇拜的对象发生了变化，我们把对于旗帜、族徽、柱子等一切的崇拜转移到了唯一的教派特征——名牌上，我们更加疯狂地向名牌表示我们的忠诚，比如当iPhone手机成为流行的时尚，"今年过节不收礼，收礼只收iPhone机"的话语绝对不是一句玩笑，22岁的新西兰学生约尼·格拉德韦尔为了购买当年9月11日才上市的3G版iPhone手机，从8号就开始排队，在足足等待60个小时之后，终于完成了心愿，"抢"到了全球第一部手机；为了防止销售3G iPhone销售过程中发生意外，荷枪实弹地护卫押送1500台手机到销售场地，运送全程还必须全程保密，这就是iPhone在中国香港对于膜拜它的人显示出来的强大号召力；进入中国内地的3G iPhone手机，价格远远高于美国和香港地区，即便飙升至8000多元，仍然是有价无市。

在这个时候，所有的人都不得不感叹乔布斯的强大力量，在他的指引下，全世界人们把对电子产品的膜拜转向到"苹果"的名牌魅力下，上至美国好莱坞名流，下至一般工薪阶层，都把"苹果"作为他们的第一选择，新兴商业时代，全新的符号化产品孕育而生，带领着消费者向传统的消费理念转变。如同"苹果"对于消费者的带动作用一般，成为我们顶礼的图腾，品牌图腾促使造就成功。

品牌图腾总是能够彰显出吸引教徒们的价值。仔细回想促使我们成为某个奢侈品牌的教徒的原因，除了教主事迹的强大吸引作用之外，我们还被品牌各种追求个性、引领时尚高度统一在一起，但是当我们成为品牌教徒的时候，我们会把我们对品牌的重心表现到对品牌图腾的关注上，或者说是在一眼看到品牌图腾的时候，我们便能够识别出品牌的魅力。正如基督教的十字架警醒人们信奉救世主；道教简单的阴阳双鱼图，就把道教"对立转化、互长互消"的道家之美体现得淋漓尽致一般，名牌就是消费者顶礼膜拜的图腾。

名牌为了形成独特的品牌图腾展示最为鲜明、丰富的内涵，首先从达到视觉的冲击出发，让所有的消费者在看到品牌徽章的第一时间就联想到品牌的特征，比如一看到双C标志就会联想到香奈儿一般，名牌成为传播品牌内涵的最简单方式；如同法拉利的遁形标志中一匹跃起的黑色骏马，底色为摩德纳金丝雀羽毛的颜色，跃马源自法拉利公司的创始人恩佐·法拉利，高昂的马首微张着嘴，单腿立地，马尾上扬，显示了一种奔腾激昂、横扫千军的神态和气势，所有熟知法拉利的消费者都会在看到这个图徽的时候，直接联想到关于这个品牌的一切，对于教徒们这就是一种不可抗拒的吸引。

我们所顶礼膜拜的图腾——名牌，在我们徘徊的时候，给予指引，在街上闲逛的时候，我们看到一个M标志，就知道是麦当劳的店面，知道那里可以给我们提供食物补充能量，所以一旦感到累的时候，就会在街上找寻这样的M标志。名牌图腾同样以指路标的作用在吸引着消费者在人潮拥挤中自觉找到走进去的地方。一栋高大的建筑物，如果上面挂个十字架，你会觉得这个地方是什么？肯定不会有人觉得这是一个餐馆、购物商场或是其他的娱乐场所，甚至刚懂事的小孩都应该知道这是医院或者是教堂，而区别医院、教堂的标志就是这个十字架的颜色，所以这个十字架作为一个指引，是任何其他的图腾都无法比较的。我们顶礼膜拜的图腾——名牌就如同这个"十字架"一样，一旦看到的时候不会联想到其他任何东西，当然除了我们忠于的那个品牌拜物教。

在商业社会中，我们经常说的品牌的图腾从外表简单地展示出来的就是每个品牌的LOGO。品牌的LOGO可以说是这个品牌的无形资产，是一切综合信息传递的媒介，我们忠于的那个品牌所特有的文化、历史、意义集中在LOGO中向消费者展示出来，如麦当劳的M标记，采用金黄色，就像两扇打开的黄金拱门，象征着欢乐和美味，又像一个带有两极的磁铁吸引顾客进入欢乐之门。品牌LOGO就代替了教徒们传统顶礼膜拜的图腾。

当闭上眼睛思想的时候，作为教徒唯一能够在极短的时间里就想起拜物教的标志，就是简单的品牌标志，例如奔驰汽车的教徒们肯定把三叉星标志深深地记到了心里。当所有的奢侈品牌厂商都意识到图腾对于吸引消费者的重要性的时候，他们在创造这个图腾的时候费尽了心血，在成功顺利掌握教徒们的过程中，图腾在发挥着重要的作用。

第三节　名牌拜物教的祭品

名牌拜物教的教徒们在成为教徒之前，总是会通过不断地尝试来选择与自己最为契合的品牌，在这个徘徊阶段，我们不会满足于留连在某个特定的品牌当中，但是当我们在久经尝试，终于被某个品牌所吸引，认为它就是我们值得衷心拥戴的品牌之后，我们就不会轻易地改变，顺理成章地成为这个教派的教徒，在这之后，我们会把很多的精力和金钱都投入到购买教派的商品当中，即便疯狂也在所不惜。

　　为了坚持品牌拜物教的我们，为了得到一件教派的商品，可谓是卯足了劲儿，无论遇到什么困难，也会坚持到最后。于是身边便时不时地出现这些疯狂的举动：在明明知道吃泡面不利于身体健康的情况下，一些白领节省饭钱，选择泡面抛弃小资的饭馆，就为攒钱买一件只能在重要场合才穿得出去的阿玛尼晚礼服；为了一个古驰的包，多少人天天挤公交车上班；为了开上卡迪拉克的跑车，刷爆所有银行的无数张信用卡，最终因为无力偿还，选择轻生……

　　品牌拜物教忠实的教徒们总是会做出各种看似非常疯狂的举动，日本的一个时尚评论网站 WGSN 在东京的记者尼克尔·富尔曾经制作了一个话题专辑，专辑的名字叫做"你的包里有什么"。她的调查方法非常传统，她走上大街，拦着路上的青少年，请他们展示自己包里具体有些什么。调查的结果显示，每个被接受调查的人几乎都有 3～7 件名牌商品，包括古驰的包包、LV 的钥匙包、普拉达（Prada）的化妆包、香奈儿的口红、雅诗兰黛的化妆品等等。随机的调查都可以看出忠实的教徒们会把这么多的精力贡献给购买奢侈品上，当然日本的教徒们只是所有奢侈品教徒的一个缩影，从我们身边的朋友身上，也依然可以看到典型品牌拜物教教徒的特征。

毕竟我们每个人的收入情况不同，对于实现购买品牌物品的能力也存在差别，但是无论我们拥有怎样的收入层级、怎样的社会地位，对于品牌的衷心却是相同的，为了购得具有教派识别标志的商品，我们同样是做足了工作。

那些已经拥有一定的财富，处于社会最顶端的富豪们，拜物教的商品只是生活消费的一种简单商品，根本算不得奢华，所以他们与其他阶层比起来是具有优势的，不用为此付出太大的力气；对于工薪阶层来说，名牌的衣服就是他们的战衣，名牌的包包就是他们的武器，无论他们在工作中的岗位层级如何，高档的装备是生存的必备战袍，同样更是他们努力工作的最原始动力，工薪阶层的教徒们还能靠着努力工作、省吃俭用购得这样的商品；但是对于学生群体来说，他们同样尝试着各种努力来表示对教派的忠诚，比如把亲人给的压岁钱省下来，把拼命读书获得的奖学金省下来，参加实习、社会实践得到的补贴省下来等等，目的当然是为了买一件奢侈品。

第四节　品牌的 DNA 密码

我们时常在想，作为品牌拜物教的教徒，我们可以为了买到教派"祭品"，放弃很多其他的享受，在面对两件同样作用、款式、做工都相差无几的物品时，我们会抛弃原有的购买价格更低的那件物品，会被人不理解地买那件更为昂贵的品牌商品。那是作为教徒的我们都会有的购买行为。总是有人在想，奢侈品牌的独特魅力源自哪里，是那些杰出的创始人？还是靠着品牌的各种特殊的营销手段？或是拥有它区别于其他商品的特性？虽然我们是品牌拜物教的教徒，但是我们依然会选择，懂得用购买到的商品带给我们最大的效用，如果说品牌拜物教的所谓"祭品"都只是些许空谈，那么我们还会不会那么一如既往地坚持购买昂贵而无用的奢侈品？

谁都不会傻到把自己辛苦赚来的钱，随便地给商家，即便这个商家是你忠实的教派的教主，有理性的我们依然会把商品的特殊特性加入到购买的考虑范围之内，当然很多时候我们之所以会成为某个品牌的教徒，就是因为该商品具有的独特特性。教徒们能够区分教派"祭品"的独特特性，这些特性是教主和教派在缔造产品时给予品牌的DNA密码。

品牌的DNA密码就如同生物中的特殊的基因组成一样，是供我们能够轻易地将它从其他同类中找出来的独特特性，在生物体中，无论它是动物还是植物，它的DNA密码都是世界上独一无二的，即便那些跟它外表再怎么相似的个体，甚至是双胞胎，它们的DNA密码都是不同的，DNA密码就是所有一切生物最为本质的区别。品牌拜物教的教主们在创造"祭品"的时候，注入了品牌特殊的DNA密码，让它与所有其他的商品区分开来，而或许这些品牌

DNA密码，不能够被很多人所熟知，但是它的教徒们却是可以轻而易举地识别出来的。我们就是靠着品牌DNA密码和它所显示出来的特性，对无论走到哪里的"祭品"都有识别力的。

品牌的DNA密码展现在品牌商品当中，渗透到品牌商品的灵魂当中，体现在品牌商品的外观中，比如双C标志的香奈儿、交叉的字母花瓣样式的LV，品牌的LOGO一经出现，教徒们总是能够在第一眼就挑出它们，即使现在市场上有很多的假冒品、高仿品。品牌的独特DNA就是每个教徒在想起教派"祭品"的时候，出现在脑海中的区别其他商品的特征，就如同说起香奈儿（Chanel），联想到小黑裙；说起LV，联想到精美箱包；说起安妮芳汀白衬衫（Anne Fontaine），联想到设计繁复但不显芜杂的高端女士白衬衫；说起马克·雅可布（Marc Jacobs），联想到鲜艳的颜色、新颖的设计；说起苹果，就想起iPhone和iPad；说起雅诗兰黛，就联想到高档护肤品；说起阿玛尼，就想起红地毯上的明星；说起凯迪拉克，就联想到高档跑车。

对于一个不抽烟却追求时尚、个性的年轻男子来讲，芝宝（Zippo）打火机或许是没有具体使用价值的，但是他却会是为了购买芝宝的一个打火机放弃吃大餐、外出旅游的人，芝宝打火机功能单一，却能吸引到很多不吸烟的人当做收藏品式地争抢购买，甚至有一年一度专门为芝宝举办的美国节日，这足以看出芝宝教徒们对于它的喜爱。世界上有着千千万万的打火机，如果说芝宝的独特特性吸引了那些吸烟者的喜爱是无可厚非，芝宝甚至把教徒发展到了不吸烟的男子，可以说是芝宝独特的 DNA 获得了成功。

品牌独特的 DNA 是怎样的一个象征，可以将全世界的教徒们轻易地吸引过来。下面让我们拨开云雾，看看品牌的 DNA 具有哪些特殊的密码，让其展现出区别于其他品牌商品的特殊诱惑力，让其成功吸引消费者"膜拜"式地争抢消费，让其成为信徒心中信仰的"上帝"。

富贵的象征密码。正如所有奢侈品的标价一样，奢侈品从出生开始就注定只能被少数富人消费，从诞生之际开始，就为暗示着区别消费者不同身份、地位、权力，就是富贵的象征。正如标价在 5000 元到几十万的奢侈品产品，是其他品牌价格的几百倍，哪怕一件非常简单的奢侈品都是绝对富贵的象征。但是并不是所有被全世界的消费者所熟知的品牌都是真正意义上的奢侈品，比如说可口可乐，我们消费了可口可乐，却丝毫没有体现出富贵感。奢侈品牌的富贵象征的密码，吸引着想要展示财富的教徒们，比如说"不差钱"的先富者、富二代等等，这是品牌拜物教展示给我们的最为显著的密码特征。

尊贵奢华的第一感密码。经济学上给予奢侈品定义时，就把它定义为奢华度、价格最高的商品，那么只要是作为奢侈品就必须是"最高级"、"最优秀"、"最奢华"、"最尊贵"的。从陈列产品的外观到质量，都是在一步一步地给我们留下尊贵奢华的第一感。当我们在不了解一件事物之前，总是会根据这件商品的第一感观判断产品的好与坏，每当这个时候品牌的尊贵奢华DNA，就非常成功地将品牌特性展现在我们面前，甚至把我们秒杀，然后乖乖地成为它的教徒。

与众不同个性价值密码。几乎所有成功的奢侈品品牌都是以独树一帜的设计风格、坚持个性化的发展为出发点，以展示不同的个性为途径，以追求文化、定位的最高境界为目标。"不患人之不己知，患不知人也"，高调、个性的"祭品"们就怕教徒们不知道自己的特性，担心品牌产品在教徒们心中没有识别度，没有个性价值。在与众不同的个性密码作用下，它们拼尽全力地展示自我的特性，而且每个品牌都有着自我独特的追求："奔驰"追求顶级质量，"劳斯莱斯"追求手工打造，"法拉利"追求运动速度，"卡迪拉克"追求豪华舒适……具有与众不同个性密码的品牌成功地吸引到一批忠实的拥戴者。

品牌专一性密码。从一般意义上来讲，奢侈品品牌专一的特性都是非常明显的，除少数个别的大集团之外，都是在一个领域的同类产品中变动，不随意跨行业发展。人的能力都是有限的，只能在自己熟知的领域里发展取得好成绩，在一个领域成功的人，到了新的领域换来的往往就是失败，比如得了影帝的演员，想要再获得歌王称号就不是那么容易了。品牌延伸更是不易取得成功，在非常小的领域内钻研到底也会缔造品牌成功。如果说"宾利"在汽车品牌获得成功之后,还想涉足于房地产行业,但是在房地产行业的名头却小之又小。每个教徒们心中或许有着几个不同的"上帝",但是每个"上帝"的分工却是很明确的,衣服和首饰的教派绝对不同。

适当距离感密码。就像奢侈品的诞生目的是为服务少数人,维护客户优越感,让教徒们与普通大众产生距离感,从而产生神秘感、美感一样,创始人为品牌设置的适当保持距离的 DNA 密码,就表现出这样的作用。所有人梦寐以求,少数人才能拥有的奢侈品商品,距离凸显的美感才是吸引力的源泉。一张价值 2000 元的动物毛皮与一个价值 2000 元的箱包,拿在手里,效果反差却是可以达到最大。

文化传承密码。品牌的价值是来自于文化历史的积淀,一瓶美酒经历的时间越久越是迷香散发,有历史有文化更能拥有吸引人的价值。正如手表品牌"劳力士"会得到来自全世界消费者的钟爱那样,是对整个钟表历史和文化的继承和发扬,对表的喜爱同时更是对其文化的喜爱。文化需要传承、时间的积累、素养的熏陶,有历史的文化传承是品牌文化密码的升级。

限制数量密码。从来都不以数量的绝对优势获取瓜分市场的胜利,成功的奢侈品品牌从来都不可能选择大量的发行来满足消费者需求。给我们带来有钱也买不到的感觉,提升拥有者的自豪、尊贵感觉，为了争夺珍贵才愿意一掷千金。

品牌的DNA密码，让我们在忠实的拜物教"祭品"体现出了如此丰富的特性，我们终于清楚地了解到了我们效忠的教派"祭品"是多么的独一无二，也愿意为了坚持购买教派的"祭品"放弃其他的享受。

第五节　名牌拜物教的鼓吹手——明星

伴随着经济社会的发展，我们在穿衣打扮这件事情上花费了越来越多的精力。我们不再以统一的中山装为标准，更多的是追求时尚和个性的展现，在参加重要活动的时候，会为与别人穿着同样的衣服、带着同样的配饰而感到不爽，"撞衫"事件会影响消费者的心情，哪怕"撞衫"事件发生在日常生活当中。

生活中的我们经常作为追求时尚的人，然而总是被时尚抛弃得很远很远，限于专业、周围环境等因素的影响，我们总是只有在某件款式已经流行到众人皆知的时候，才缓慢地发现这或许是时尚，毫无疑问，这样追求时尚的我们总是遍体鳞伤，摸不到时尚的脉络。对于那些引领时尚的人，我们总是只能羡慕嫉妒恨，但是我们又不得不学习他们是怎样做到引领时尚的。站在潮头才能受到膜拜，抢先一步知道什么会流行，并抢先一步传出来，这才是引领时尚的正确做法。

　　然而看看我们平日的生活，不是学习有关时尚的服装、彩妆、饰品、搭配等专业，从事的工作也是跟时尚相差十万八千里，周围的朋友也没有从事相关工作的，如果硬是要与时尚扯上点关系，那么就是我们向往参与到时尚的决心。当我们无法参与到时尚事业中的时候，我们就会采用一些特殊的方法来阻止我们被时尚抛弃。

　　那些成为奢侈品店中的VIP的客户，对于参与时尚总是会有大把大把的优势，他们会比平常人更早地得到品牌发布新品的消息，几乎所有的店员都知道在店中新品还没有上架的时候，就用电话的方式通知VIP客户前来购买，所以他们总是在时尚这件事情上有先发优势。

　　作为既不是奢侈品店中的VIP客户，又不是时尚界人士的我们，难道要被所有的时尚品牌所抛弃了吗？难道就只能作为那些跟随在时尚人士屁股后面的追随者吗？难道永远都没有机会接触到最新的时尚前沿资讯吗？

　　当然不是，奢侈品商人也非常清楚地知道，如果仅靠着店里的VIP客户，是不足以支撑整个品牌发展的，所以对于那些徘徊在时尚圈外，但是又非常渴望进入的消费者，他们自然不会放弃。同时为了塑造自身品牌在消费者心中奠定崇高的地位，吸引更多的新教徒，他们顺应社会科技的发展，用着各种我们普通人都可以触及的宣传方式，吸引我们参与到品牌拜物教的时尚事业当中。品牌拜物教采用的各种宣传手法从传统的传单、报纸、杂志、网络、电视广告发展到后来的明星代言，虽然宣传方式不同，但是各种方式都是为了给我们这些想参与大时尚事业中的人提供了解时尚资讯的途径。

市场杂志曾经在传播时尚上做出了巨大的贡献，每一期的杂志都在给我们出谋划策，分析时尚潮流，介绍时尚单品，引导时尚新潮流，比如 Vogue、Marie、Elle 等世界知名杂志，它不断地摇旗呐喊，宣扬着什么是最红的、什么是潮流、什么是下季单品、如何自我打造时尚等等。

杂志毕竟是静态的文字和图片，动手能力稍微弱点的消费者，便完全只是在跑马观花式地欣赏漂亮的模特儿，对于改变我们时尚窘境这件事情收效甚小。伴随着动态媒体的兴起，我们便能够在动态的图像和实在人物的衣服的展示上学到更为具体的时尚知识。同时全民娱乐事业的兴起，我们把很多的精力投入到关注偶像的一切上，于是各大明星们开始为品牌宣传最新的时尚理念。

为我们中意的品牌代言的明星，就像是我们脑海中最鲜活的宗教代言人，如同玄奘代言的佛教、东渡日本的鉴真、"睹物成佛"的慧能等等，有明星参与的品牌发布会总是会多很多的粉丝前往，同时生活在镜头下的明星们也在身体力行地宣传着品牌时尚，品牌也在明星的宣传中收获了巨大的成功。

蒂芙尼珠宝的成功就是典型的例子。对于蒂芙尼的消费者来说，首先想到的就是奥黛丽·赫本，在她演绎的《蒂芙尼早餐》中，给所有的教徒们留下了十分经典的印象。蒂芙尼从来都是与各大明星牵手，打造最完美的宣传攻势，它自始至终都是各大颁奖典礼上明星们不可缺少的必备物品。

娜塔丽·波特曼佩戴蒂芙尼红色碧玺钻石参加奥斯卡颁奖典礼，成功获得了奥斯卡最佳女演员奖，第二天，全球的各大媒体就刊登了娜塔丽·波特曼佩戴蒂芙尼的照片，宣传之风刮遍全球。卡梅隆·迪亚兹作为颁奖嘉宾出席奥斯卡典礼的时候，也选择了蒂芙尼珠宝。

明星们佩戴蒂芙尼珠宝给品牌创造了最好的宣传效果，这不仅是对于明星们的粉丝来说，更是在明星中也引起了广发的关注。世界上大大小小的明星在参加典礼的时候，都会选择佩戴蒂芙尼珠宝，比如：第二届北京国际电影节上，刘亦菲佩戴舒维（CHAUMET）项链与我的爱（BE MY LOVE）手链出席；大都博物馆艺术时装院庆典上，波姬·小丝（Brooke Shields）佩戴蒂芙尼铂金镶钻花朵耳环出席；钟丽缇、黄奕、张歆艺等等明星都有选择佩戴蒂芙尼珠宝出席各种大小颁奖典礼。

蒂芙尼借助明星们的力量，打通与普通人的联系渠道，通过明星们在公开场合的曝光，引发各种舆论热议，最大限度地宣传品牌时尚，给教徒们制造着"与偶像、大牌亲密接触"的机会，从而更加激发我们购买的欲望。

热衷于参与到时尚当中的我们，在面对偶像明星宣传的产品时，从来都是"爱屋及乌"，因为欣赏乔治·克鲁尼，于是关注欧米茄；因为迷恋尼克拉斯·凯奇就喜爱万宝龙；因为喜欢梁朝伟，便爱上了卡地亚；因为中意布拉德·皮特，变成了豪雅的忠实顾客……贝克汉姆成功鼓动粉丝成为江诗丹顿的顾客，与品牌一起共同铸造经典。作为职业球员的贝克汉姆是世界上唯一能在30码踢出优美弧线传中球的中场球员，英俊外表帮助他成为偶像类的明星，同时在家庭中同妻子的恩爱，更是明星中的经典。江诗丹顿的经典设计也与贝克汉姆的经典形象十分吻合，于是在小贝的带动下，江诗丹顿散发出最为经典的光芒。

明星的稀缺性与奢侈品的稀缺性一样，都是受到普通大众关注的焦点，"明星脸＋产品"、"明星生活方式扩大宣传"、"品牌人物＋品牌思想"、"人物合一"等等宣传方式在明星宣扬奢侈品事情上发挥着极大的作用，同时对于我们这种试图通过在明星宣传过程中，找到时尚的感觉，走在时尚前端的人来讲，所谓何乐而不为呢！

第六节　经销商都是谎话连篇的"骗子"

巴卡拉纸牌游戏（Baccarat）的总裁小川博（Hiroshi Ogawa）曾经说过："路易·威登就像是麻疹，每个人最后都不得不感染。"不仅在日本，在我们生活的国家，我们所有人也会被传染。当然不只是 LV 有着释放"麻疹病毒"的能力，我们对于所有的奢侈品牌都完全没有抵抗能力。

在被奢侈品的"麻疹病毒"感染之后，在成为奢侈品的品牌拜物教教徒之后，我们对于"祭品"便变得完全没有了抵抗力，"麻疹病毒"就像会在我们体内定时发作一样，一旦发作的时候，解决的方法只有一个，那就是最起码去品牌商店逛逛，买得一件商品的"治疗"效果将会更好。

相较于传统的店铺购买方式来讲，我们可以找到更多的途径购得缓解病痛的良药，它们可以是品牌的专卖店、加盟店、网络店、商场或是劳特莱斯等等。我们不考虑这些店铺是个什么样的形式，由品牌商直接经营，还是由经销商管理，我们在乎的是能不能感受到品牌的魅力，能不能够买到"精神的良药"，况且我们仅凭一个店的外表，是看不出他们的经营方式的，同时我们也根本不愿意把我们过多的精力放在这样的无关紧要的事情上。

正如前面讲到的中国市场在逐渐成为世界最重要的奢侈品市场之后，几乎所有的奢侈品牌都开始在中国市场上实施攻城略地的战略，他们用各种的方法在中国不同的城市开设分店，抢先占领市场。但是品牌商们面临着一个非常重要的难题，他们来自于几千公里之外，对我们这里的市场完全不了解，同时品牌在全世界的"盘子"非常大，如果都是采用总部统一管理的方式来开店，不仅在管理上的麻烦会增加很多，同时还会跟不上预设的开店的速度。

在品牌上为了更好地给我们提供就近购买"良药"的场所而发愁的时候，经销商就出现了，所谓经销商是指在某一个地区或领域拥有销售或服务的单位或个人。品牌经销商拥有在某一个地区经营管理某个品牌的销售所有权，并且通过销售经营，赚取经营利润，相当于是从品牌生产商那里买到产品然后再到指定市场进行品牌产品销售的机构。通常经销商的做法都是从企业买断进货的权利，一个品牌在一个地区只能有一个经销商，这个经销商从品牌商那里用批量价格买进商品，然后在这个地区自行选择地段或者商铺，按照统一的标准进行品牌产品的销售。

在商业社会，我们已经对经销商这个词完全不陌生了，经销商为我们搭起了与品牌联系的一个桥梁，同时作为直接面向我们的经销商，对我们进行直接的服务和指导，同时作为直接接触品牌厂商的一方，在帮助传达消费者信息的同时，可以向企业提供有利于品牌发展的市场信息。好的品牌在遇到好的经销商的情况下，成功的几率会高出好几倍，但是好的产品遇到不好的经销商，销售量不会很好之外，品牌也得不到推广。

据我们普通消费者所了解，经销商在整个传递过程中，起着很重要的作用：

减少品牌商的销售成本。品牌厂商如果选择直接把产品通过渠道，投向终端市场接触消费者的话，需要消耗大量的人力和物力投资，直接自己创造盈利，是非常困难的，特别针对处于快速扩张店面的品牌来说，资金链的供应不足将直接导致整个集团的破产。如果借助销售商的力量直接省下的是品牌的销售成本，渠道费用基本就给代理品牌的经销商自行解决，同时把经销商缴纳的货款直接用作下阶段的流动资金，虽然是以转让部分利益给经销商实现的，但是经销商为了获得那部分转让的利益，投入更多在终端的销售上。

占据地域优势，快速提升市场占有率。选择进入新市场的品牌，面对一个全新的未知市场，会变得手足无措，在一个地区市场中存在的经销商，都是对市场中消费者的消费习惯、消费层级有着深入研究的，如果借助地区经销商的力量，制定具有地区特色的营销策划，便能迅速抢占市场。

扩大品牌效应。经销商直接面对广大消费者，靠着销量提升来赚取收益，所以，为了实现收益最大的目标，经销商会对经销的品牌做最大的广告宣传，经销商甚至比品牌商更加关注品牌宣传，提供更为有效地扩大品牌效应的方法。比起直销来说，经销商借助媒体广告，对消费者进行狂轰滥炸，有过之而无不及的趋势，为品牌做大影响力的同时，提升产品的销售量直线上升。

扩大销售范围，增加销售人员。经销商在终端销售商品的时候，聘请的品牌专业销售人员都是经销商自行支配的，虽然是经销商的员工但是却为品牌销售服务，代表的却是品牌的形象，品牌没花一分钱，却多了那么多不用钱的员工在努力工作。

开拓未知市场。新时代的经销商，自主性越来越强，在一个市场上获得成功之后，开拓新市场的决心必定增大，继续开拓未知市场。

如果把我们换做是需要迅速拓展市场的品牌商，在经销商能够有这么多积极作用的前提下，我们也会毫不犹豫地挑选经销商来帮助我们把市场弄好，把教徒们服务得更加贴心。但是经销商在很多时候，使用不真实的营销手段，大大伤害了我们品牌拜物教的忠心。

他们利用虚假、夸张的宣传广告来赢得我们的关注。一个地区的经销商是最有动力宣传品牌产品的主题，为了让那些新进入市场的品牌，在最短的时间内赚得最高的消费者关注，采用各种制造噱头的方法，给品牌制造舆论。在这些方法当中，不免掺杂着虚假的信息，把品牌夸张化、非正常化地展现在我们面前。我们或许会被虚假的商品广告在短时间内吸引住，但是当虚假被拆穿的那一天，作为本该是"上帝"的我们会对品牌失去信心，恐怕我们会马上放弃这个教派，转而加入到其他的派别当中。

他们给我们提供虚假的促销活动，诓骗我们前去购买。我们才是经销商真正的利益来源，所以服务好前来购物的我们是经销商赚取收益的根本。在市场日益上升的竞争当中，经销商做出虚假促销活动信息宣传，把我们引来消费，再告知我们实际情况并不是像宣传中所说的那样，难道经销商不知道，失去我们对于他们来说就等于是直接失去了市场，失去了生存下去的根本。

　　他们给品牌教派提供虚假的市场信息，谋取暴利。经销商是靠着从厂商那里得到的优惠，赚取差价来赢得收益的。经销商为了得到最低的商品批发价格，容易把萎靡的市场说成是非常好，得到厂商的鼓励，或者把很好的市场说成不好，得到大搞促销的机会，但是促销却没有做，净赚当中的差价。一旦被厂商发现这样不择手段赚钱的经销商，厂商会选择放弃继续合作，不用说赚钱，连代理的机会都会失去。

　　其实，作为品牌教徒的我们对于在哪里购买"祭品"真的好不在意，我们只求能够在需要的时候，轻松、安全、放心地买到心仪的物品，无论经销商也好、品牌商也罢，只要给我们做好了服务，我们都不会有任何的怨言。但是鉴于谎话连篇的经销商，我们又怎么能够轻松地就近购买奢侈品呢？

第五章　只卖贵的，不卖对的

第一节　国人的购买力到底如何？

无论来自于哪个统计、预测机构对于中国奢侈品市场的预测上，我们都可以看到令我们感到骄傲的中国奢侈品销售排行、预测排行。作为一个大国的人民，我们总是能够在很多方面具有社会优越感，我们当中的很多人都在为我们受到全世界的关注而感到骄傲，当然也包括在奢侈品市场上我们的表现。正如世界奢侈品协会发布的《世界奢侈品报告蓝皮书》所示，我们在短短3个月的时间之内，就实现了奢侈品消费总额107亿美元的突破，甚至在这之中还没有包括私人飞机、游艇和豪华汽车的消费数额。

我们在为成为全球第二大奢侈品消费国感到骄傲的同时，感受到的是由于我们经济的发展带来的社会发展。富裕起来的我们走到世界的任何地方，都在显示着我们强大的购买力。

在美国，在经历了2008年的金融危机之后，全国都陷入消费低潮的时候，我们中国旅行者给他们带来了最多的消费，而且整体消费水平也提升了，当然我们能去美国旅游的游客都是有备而去的，再加上美国奢侈品商品在关税上的优惠条件的诱惑，我们当然就是冲着昂贵的奢侈品而去的，于是美国人看到中国游客相当豪爽地购买奢侈品。比如，一个普通的美国人，为了计划换更大的房产，经过几年的计划，才终于下定决心，选中一所值得购买和投资的房产，可当决定下手之前，被移民的中国人捷足先登了，经过事后了解才知道这个移民的中国家庭是因为女儿来这边留学，所以干脆就在这边买了一栋房子，而且更重要的是付款还是采用全现金的方式，试问在这样的情况下，美国人难道会不觉得我们的购买力很强吗？

在澳大利亚，中国游客平均消费达到2200美元，而日本游客只有712美元，平均每年保持10亿澳元的旅游消费使中国成为在英国之后，对澳大利亚旅游市场影响最大的国家，澳大利亚政府为了让更多的中国游客前去消费、购物，甚至简化了中国到澳大利亚的签证办理，同时，中国游客只要是到了澳大利亚几乎是没有任何考虑地购买高档品，甚至毫不夸张地说我们是带动澳大利亚奢侈品销售的关键顾客。当一个国家的奢侈品经济需要由我们带动的时候，难道澳大利亚人不会觉得我们具有强大的购买力吗？

在荷兰，中国游客的强大购买力似乎显示得更为突出，那就是几乎所有到荷兰旅游的中国游客在离开荷兰的时候都会带走一颗钻石,虽然可能不是自己戴,但是对于荷兰来说,只要中国人购买就足够了,中国游客给他们留下的完全是"不差钱"、"不要跟我抢"、"就是有钱"的印象。因为我们的强大的购买力,难道他们不会发自内心地对我们的到来表示亲切和感到非常高兴吗?

在泰国,上至政府,下至泰国居民,都非常希望迎来中国游客的光顾,据不完全统计,平均每年几乎有70万人次到泰国旅游,同时每人消费2000元到几十万元不等,这对于拉动泰国经济发展,绝对是贡献了巨大的力量。

在世界上的任何一个国家,热衷于奢侈品消费的我们都给当地留下了中国人购买力非常强的印象,那么在我们国内的市场又是怎样的呢?我们难道都是把自己的钱完全用在了国外的奢侈品购买上了吗?毫无疑问,仅从各大奢侈品牌在中国争先恐后地开店就可以证明国内的奢侈品市场依然红火,而且国内的奢侈品市场已经发展成为全世界第二大的奢侈品消费大国,国内的奢侈品市场上依然显示了强大的社会购买力。

我们除了在总量上表现出强大的购买力之外,还创造了很多的奢侈品品牌的销售纪录。比如说雅诗兰黛的单店销售纪录是由成都王府井的专柜实现的;劳斯莱斯的每年销售量数最多的市场是中国市场;LV的销售单月纪录是中国消费者创造的;在国外无人问津的天价劳力士手表是在中国奢侈品展览的时候,被富豪买走等等。

所有的奢侈品销售数据都以高度统一的指向表明，我们中国人具有强大的社会购买力，但是在这个强大的社会购买力的背后，我们真的就是靠着强大的社会财富的增长、个人的购买需求而把奢侈品支撑起来的？难道我们不是在用一个外表的光鲜来掩盖某些"特色"消费？我们在为表面奢侈品数据感到骄傲的时候，是否应该会想，我们为支撑这样强大的购买力，付出了怎样的代价？我们是不是应该反思，我们对于奢侈品的购买力真的有世界其他各国宣称的那样强大吗？我们会不会因为这样的消费方式，转而让生活的其他方面陷入某些窘境？

然而要真正回答出所有的这些问题，我们就得先看到我们的"中国特色"奢侈品消费：

我们的奢侈品消费出现"扎堆儿"的现象。从我们的奢侈品消费选择菜单中可以看到，我们不像世界其他国家的人们那样，对某种奢侈品具有绝对的偏爱，我们似乎更在乎的是奢侈品这个牌子，而没那么在意它是为满足我们生活的哪个方面而设计的。我们的奢侈品消费几乎囊括了所有的奢侈品品类，包括艺术品、汽车、帆船、服饰、香水、皮包、手表等等，同时这些奢侈品消费几乎以相同的时间出现在我们的奢侈品选择菜单上，我们"扎堆儿"地消费奢侈品。

我们的奢侈品消费呈现出一种"未富先奢"的特点。我们的购买力在实际上并没有那些机构做出来的数据那么光鲜，相较于其他国家平均用自己4%的财富去购买奢侈品的购买行为来讲，我们却是用40%的财富去实现奢侈品消费的增长，相当大部分人是靠着自己努力工作攒钱的方式实现奢侈品梦想。

我们的奢侈品销售靠的是年轻人的购买。按照一般原理来讲，社会财富是应该集中在中老人的手中，正如资本主义发达国家一样，奢侈品消费应该以这部分人为主体，但是我们的奢侈品消费却恰恰相反，我们几乎都是拥有少部分社会财富的年轻人在从事着奢侈品消费这件事情。

我们消费奢侈品或多或少都是为了"送礼"、"爱面子"，甚至很多人把社会"权利"、"地位"等社会象征寄托在小小的奢侈品上面，他们甚至以为有了奢侈品社会地位就能够显现出来，或者可以说成，没有配备奢侈品，他们的本身地位就不如想象一般。

种种支撑我们奢侈品市场成为世界瞩目的焦点、支撑我们购买奢侈品的原因、体现我们强大奢侈品购买的现象，都让我们在为"虚假"的强大购买力感到骄傲的时候，心生一丝凉意。同时我们似乎找到了之前所有问题的答案，我们的购买力其实没有标榜的那么强大。

当所有要素都体现某种文化内涵的奢侈品，都被中国人贴上"面子"、"权力"、"他人认同"、"自我"等特殊标签的时候，再加上跟风、从众炫耀的消费心理的促使，我们的奢侈品消费自然而然地出现了销售盛况，可是我们在消费奢侈品的时候，不是我们自己对于奢侈品文化内涵品质的认同，而是希望得到其他人的认同，放弃自我来迎合其他人的消费，短时间地集中了我们的购买力，但是如果哪一天我们的社会不再需要这些推动奢侈品消费的社会因素的时候，我们在奢侈品消费上的"虚假"购买力，就会自动地降下来，到那时我们才会清晰地看到我们的社会购买力其实根本没有"吹嘘"的那么强大。

第二节　只卖贵的VS只卖对的

正如上面讲到的那样，我们在出于太多的"中国特色"原因，不断地买着各种奢侈品，但是我们仍旧记得理性消费行为，在购买商品时选择品质比选择品牌重要，相同价格时购买质量好的商品而不是品牌大的商品，"只买对的，不买贵的"。由于每个人的偏好不同，我们对于究竟什么才是"对的"，我们心中都有着自我的一套标准，但是在对于购买奢侈品这件事情上，我们的标准似乎达到了高度的统一，这个标准就是"价格越高就越好"。

从"货比三家"到"讨价还价"，从坚决抵制当所谓的"冤大头"到奢侈品的"忠实追求者"，我们仅仅用了不到30年的时间，甚至我们坚信在市场经济时代，只有价格是自动衡量商品品质好坏的标准，花了更多的钱，买到的东西当然是更好的（当然也存在例外），我们现在坚持奉行着

"只买贵的"的标准，我们也相信买到的是对的。在"对"与"贵"之间，我们先会选择满足"贵"的标准。买便宜点的商品能够给我们省钱的方式显然已经吸引不了我们的注意，激不起我们的购买欲望。

"只买贵的，不买对的"消费理念，让我们的奢侈品消费记录屡屡被刷新，在上海车展上，上百万、上千万的天价豪车被消费车主"秒杀"，"如风卷云般买走"的气势，买走的速度超乎寻常。"豪车"的价格是惊人的，甚至售价为470万元的玛莎拉蒂GT只能排在"十大豪车"的末位，限量供应中国市场的五辆阿斯顿·马丁One-77新车，竟然在没有展出就被抢购一空，相反，在一般的汽车4S店，标价几万元的车，却鲜有人问津，这显然印证了那句，"那奢侈品的消费市场上，赶着才是买卖"。

我们在"只买贵的，不买对的"道路上，已经走了很远，或许时间不长的，但是成绩远不仅仅只有在汽车购买时那么明显，在其他品类的选择时，我们依然坚持着这样的消费观念，比如标价2000元的品牌手机无人问津，"苹果"店里标价5000元的iPhone却卖到缺货；淘宝店里标价50元的包包被人讨价还价还卖不出去，LV店里标价上万的包包却被消费者大方地买走；标价百元的护肤品没人愿意挑选，几万元的美容套餐却受到消费者的追捧；未经雕饰的宝石价格便宜无人购买，明星带过的珠宝却被抢购一空等等。

正如一部经典国产电影的一句经典对白所讲的那样："你要了解中国消费者的心理,他们的口号是:只买贵的,不买对的。"并且"只买贵的,不买贵的"这样的消费理念形成之后,便非常难以改变,"由俭入奢易,由奢入俭难"。正是伴随着这样的消费观念转变,以价格取胜的奢侈品在我们的市场上可谓是大获全胜,并且中国市场逐步发展成为震惊世界的奢侈品消费市场,由著名咨询机构麦肯锡发布的一份预测报告中显示,我国消费者在奢侈品上的支出每年增长18%,到2020年,将达到约500亿美元,届时将成为世界上第一大奢侈品消费国。

回首我们在价格经济的强烈刺激下,几乎是毫无思索地就进入了"只买贵的,不买对的"的这样一个消费状态,所有的商家也开始打出了"只卖贵的,不卖对的"的消费方式,奢侈品当中的相当一部分成功者,就是靠着这样的销售理念,赢得了我们的青睐。

达芬奇家具公司就是靠着"只卖贵的,不卖对的"在中国的奢侈品家具市场曾经大获全胜的一个案例。达芬奇公司从1994在新加坡开设零售店,随后传入中国,针对中国的高端奢侈品家具市场,经过二十多年的发展,已经在中国有了几十家连锁店,在"达芬奇造假事件"还没有被曝光之前,想要购得它天价的家具似乎不是一件易事。达芬奇宣称自己的家具全是由意大利原装进口、限量的、采用原材料都是绝对高品质等等,这一切都把达芬奇家具塑造成了家具市场上绝对的奢侈品。在达芬奇大力度宣扬自己的奢侈品性质的时候，作为靠着价格来挑选商品的我们，是绝对不会轻易放过购买高价奢侈品家具的机会的。

曾经一度，达芬奇在中国消费者当中卖得非常红火，标价30万元的沙发，标价为9.28万元的卡布丽缇床头柜等等家具，都是被热抢的对象，可以说达芬奇用销售事实证明了"只卖贵的，不卖对的"的成功。

但是"只卖贵的，不卖对的"这样纯粹靠价格迎合我们"只买贵的，不买对的"消费理念的销售成功，能够长久维持吗？当卡布丽缇床头柜被检验出是用密度板贴三聚氰胺，再加上多层面板做成的时候，当达芬奇宣称的全靠意大利原装进口家具而被查出是利用深圳家具公司生产，然后靠着出港，运往意大利，再从意大利运回上海销售给我们的时候，所有仅因为它高价格就扑上去的我们，开始震惊得乱作一团。

我们震惊我们怎么就能够被虚假的奢华宣传所欺骗了？怎么就被高昂的价格吸引了？怎么就上了当了？我们依靠达芬奇高昂价格打造的各种优越感顿时无存，甚至被贴上了"白痴"的标签，我们到了需要反思"只买贵的，不买对的"的时刻。我们必须要明白的是坑爹的达芬奇不是第一个，当然也绝对不会是最后一个，我们不要等到知道受了"高价"的骗之后，才回想起在购买的时候还是应该仔细考量商品的质量。

在奢侈品的世界里面，永远没有"贵"与"对"的绝对分别定义，只要消费者觉得是"对"便是"对"，觉得是"贵"便是"贵"，消费群体是具有主观能动性的群体，我们会根据自身需求进行选择，品牌商们只要记住"没有最贵，只有更贵"、"没有最好，只有更好"，即便在贵的商品都会有人抢着购买，于是便没有了"贵"与"对"的分别。

虽然我们很多时候在消费奢侈品时都显现出只关心价格的心态，但是我们绝对不能否定"对"的商品的判断标准，所以奢侈品厂商如果想要靠着"只卖贵的，不卖对的"来长期维持的话，是绝对不行的。环顾现如今在市场上依然风风火火的各大奢侈品牌，哪个不是在质量保证的前提下，才长久卖出高价的，"好"是"贵"的前提。

第三节 低调还是张扬？

奢侈品的三大特性"好的、贵的、非必须的"，给所有消费者留下了必须是高调的、张扬个性的、显示财富的特性。那些绝对张扬的奢侈品质——显赫身份、工匠主义精神、艺术美学、强烈的个性色彩都在奢侈品上得到最好的体现，几乎没有人认为奢侈品不应该是张扬的，再加上制作奢侈品的原材料稀缺、制作过程的讲究、匠心独具的设计、对美、时尚的不懈追求等等因素，让奢侈品从一出生就披着张扬高调的气息，我们也当然自觉地将奢侈品定位董表的价值在于收藏，进入门槛很高，百乔表却以定价在几万元与几十万元之间成为企业高管、白领、精英们争相追求的对象。从产品的设计到产品的宣传，百乔表从来都不用夸张的特性吸引消费者的关注，但是却以其低调的奢华受到消费者的追捧，完全将低调与奢华做到了最好的结合。

从百乔打造奢华的成功路上，我们看到了低调与奢华绝对不是一对矛盾对立的主体，甚至很多时候，为了那些顺应想要不被人知道的消费奢侈品的消费者带来更大的吸引力。在我们奢侈品商品文化熏陶中，我们作为消费者的奢侈品相关知识也得到了丰补，从对奢侈品一概不通的盲目消费者，发展到现在很多普通民众都对奢侈品品牌有一定的了解认识，甚至走在大街上都可以看到配备奢侈品的所谓路人。

随着奢侈品的普及度越来越高，想要在消费奢侈品过程当中，找到更加特别的消费方式，比高调的奢侈还奢侈的就是低调的奢侈，而且发展到现在很多的低调的奢华品牌，走出了一种不一样的营销成功。让我们来感受感受新鲜的、独特的、低调的奢华的销售方式，看看是怎样的一种突破在已经成熟的高调奢侈品市场上，获得另一番的成功。

一、"口碑 + 圈子"

没有广告宣传的奢侈品再加上店铺都是开在较为隐蔽

的非人流量聚集的非商场地区，那么怎样才会有消费者找上门来购买呢？这就是富人圈子口碑的力量，对于是熟人社会的中国低调奢华销售之道更是这样。

流转于富人圈中的奢侈品品牌口碑是天价奢侈品的生存之本，当一个富人得到满意的购物体验之后，他会把自己的购物经验介绍给他圈子里至少5位朋友，介绍他们前去消费，但是如果他得到的是不愉快的消费体验，那么他将会告诉圈子里20位以上的朋友。对于依靠通过熟人在圈子里的口碑介绍打造低调奢侈的消费品牌来讲，做好口碑是重中之重。

打造低调奢华的奢侈品销售，只为生活中富人顶层的一小部分人服务，好的口碑成为最好的宣传方式，顶级奢侈品品牌需要日积月累地做好口碑，得到圈子里消费者的认可，便能维持稳定的顾客群体。

二、"限量+定制"

能够消费得起奢侈品的顾客总是不愿意在出席重要场合的时候，遇到"撞衫"或者"撞"任何配饰的情况，这是非常尴尬的事情。他们讨厌自己用的东西遇到重复的，尤其是花了大价钱购买的奢侈品商品。追求个性、独特的奢侈品购物开始变成富人们追求的奢侈品销售方式。

被大众熟知的奢侈品品牌当中，那些限量、定制的款式总是能够赢得更多消费者的青睐。更加顶级的低调、奢华的奢侈品品牌更是以提供限量+定制的服务，吸引着更多的高档奢侈品用户。通过"限量＋定制"买到的奢侈品绝对是为购买者个人特别设计的，世界上仅此一样，无论出现在哪里，绝对不会出现"撞衫"的尴尬。

三、"消费者主动探寻"

俗话说"赶上架的不是买卖"，人都不会珍惜送上门的东西，得不到的才是最想得到的。那些满大街都能够看得到的宣传广告，或许引起全民轰动，但是对于追求低调享受奢华的富人们来说，被太多人知道不是他们的本意，他们不愿意把私生活放到台面上供所有人饭后谈论，隐蔽的奢侈品购物更满足这群人的口味。

许多不愿走入公众视线的小众奢侈品品牌，虽然销量也不大，追求另类、独到的个性与有着长期固定的消费群体，就是这几个消费者便能够支撑起整个品牌的发展。同时，小众奢侈品牌的营销方法是需要消费者自己寻找，到处打听，按图索骥，找上门来消费。消费者主动探寻小众奢侈品品牌销售的过程是消费者主动体验消费的一个过程，也算是另类的体验式消费。

当我们当中的富人已经对"入门级"的奢侈品不再感冒的时候，富人的圈子开始以低调、不张扬的方式消费着更加高档的奢侈品。井喷式的奢侈品消费市场不断发展，一般消费者购买奢侈品也从简单的炫耀、攀比、媚外等虚荣心态中解放出来，从而转为为追求品质、彰显个性、表现思想的消费心态，低调奢华的奢侈品宣传方式正是顺应奢侈品消费市场改变的最佳营销方法。

在这样的奢侈品营销方法的转变下，他们改变了奢侈品的消费方式，不再以绝对的高调、彰显个性、显示身份、到处宣扬、凸显地位为出发点，而是进入了将低调的、独特的、同样是奢华的消费方式进行到底，他们不再相信广告当中的高调宣传，那么入门级别的奢侈品不再是我们的追求对象。同时对于预想获得更加高级的奢侈品销售成绩的奢侈品厂商来说，在大家都已经习惯在宣扬高调的奢侈品消费的时候，或许换种方式将是另一种奢侈品营销的出路，这种出路就是将奢华打造得低调，但又不完全是"低调"。

第四节　物美价廉＝利润薄？

环顾我们的周围，总是少不了那么几个会拿着自己用低价购得的战利品到处宣扬的人，在他们那里，用比别人更少的钱，买到了相同或是质量更好的商品，当然是件非常值得骄傲的事情。而从前我们每当面对这样的情况的时候，总是会懊恼自己为什么没有买到那么物美价廉的物品，肯定会为自己花了更多的冤枉钱而懊恼。但是当奢侈品时代来临的时候，靠着物美价廉的战利品获得周围朋友艳羡的事情早已经远去了，我们赢得朋友羡慕的物品变成了价格昂贵的奢侈品，且不说物美与不美，价格贵却是绝对的。

在我们转变购物观念的同时，厂商们也转变着从我们身上获利的方法，并且对于他们来讲，低价必定造成利润的降低，在保证生产一件商品的价格不变的前提下，商品的价格变低，总体收入也相应变低，从而造成利润的下降。并且出现在很多商品当中的靠我们看到商品的价格降低，而更多地选择购买降价的商品，也就是所谓的"薄利多销"的现象，靠着当价格下降的时候，商品的销售量却上升，带来总收益的扩大，似乎不可能出现在奢侈品的销售上，那是普通的厂商为了在竞争日益激烈的市场上，赢得市场占有率时采用的"薄利多销"的方法，而且这种方法在许多的行业都非常盛行，比如我们随便翻开的一本杂志，上面绝对有无数的类似"降价与汽车价格大战——风云际会，谁是英雄"、"Intel与AMD再次掀起CPU价格大战"等等打价格战的标题，几乎在竞争日益激烈的每个行业，厂商们都会想到靠通过价格战的胜利取得绝对性的胜利。

但是在激烈的价格战之后，很多卖家都是赚不到利润的，甚至很多都是在做"赔本的买卖"，而且对于还让整个行业进入了完全的恶性竞争，变成完全的微利时代。价格战或许对于很多消费者来讲还能有点收获，但是对于整个卖家市场来讲，是根本就没有赢家的，于是对于消费者来说是"物美价廉"的商品变成了厂商不愿投入过多消费热情的"利润薄"的商品。

我们作为消费者，在毫无压力地购买来自外国的奢侈品的时候，我们甚至在想为什么中国品牌没有高档品牌？为什么中国品牌没能走进奢侈品世界？为什么中国只能以"薄利多销"来赚取利润？为什么几乎所有的中国品牌的核心竞争力就是低价？我们在世界奢侈品当中徘徊的时候，我们也会感叹怎么没有中国自有的奢侈品牌？

所有的答案都在中国几乎所有的行业都实行靠激烈的价格战打出平民品牌占据消费者市场有关，以致在消费者心里，中国制造的商品就是应该便宜，即便是中国的顶级奢侈品牌。

正所谓市场上没有两分钱打动不了的品牌忠诚度！市场的激烈竞争也用事实证明了这一点，只要低价，不要其他。靠着用低价策略赢得市场的企业，只要你能够用低到你的竞争者无法出的价格，用最低价打败对手，一直坚持下去，直到最终成为行业的最后胜利者，也算是采用低价达到最终胜利的一条出路。

进入中国市场的所有奢侈品品牌从来都不以低价策略占取市场，"物美价廉"、"利润薄"的方式从来都遭受摒弃，高价绝对是丰厚利润的象征，奢侈品品牌是如何做到高价突围的营销策略的？

传统消费观念认为，高品质的商品价格就会越高，所以既然你卖的商品价格高，那么必然肯定品质高，追求高品质的购买者定是不会吝啬点钱去买比你定价便宜的商品的。觉得自己价格高的商品，就应该定高价，同时对于大部分品牌来说，高价就是利润，例如 JOY 香水，原本生产成本就只有几百到一千元左右，加上其他的附加价值产品价格也不应该高到哪里去，但是在 JOY 的广告宣传中，声称自己是"世界上最贵的香水"，吸引了追求世界之最的消费者的选择，同时 JOY 品牌的香水定价也高出成本价好几倍，但是依然保持不断增加的销售量，对于 JOY 品牌来说，高价便意味着高利润。JOY 的高价突围证明，只要你敢要高价，就会赚得高利润。

中国的高档白酒行业依然实行着高价赚取高利润的规则：贵州茅台、五粮液、泸州老窖是公认的中国三大白酒品牌，每个品牌酒的制作工艺材料考究、发酵环境特殊，每年产量受到限制而更显尊贵，所以这些品牌的白酒高价也是情有可原的。但是水井坊却是高价中的一个奇葩，水井坊的白酒质量跟三大品牌相差不远，但是却号称"中国白酒第一坊"，定价却比茅台、五粮液高出一倍，销量不但没有下降却突飞猛进，在推出的第一年就销售超过亿元，赚取的高利润当然不可小觑，甚至成了中国顶级白酒的代名词。

从来都是高价才能创造高利润。难道价格在 1～2 元的冰激凌就比哈根达斯卖到几十块甚至几百块的冰激凌差么？当然不是，消费者都认为定价定得越高的商品，产品质量才会得到保证。哈根达斯都不屑用铺天盖地的广告来吸引消费者，就是定个高价便能赚得绝对高的销售量。

如果 LV 上万元的包包降价到几十块钱，肯定没有消费者愿意购买，所有人都会猜测这是不是仿品，是不是质量出了什么问题，在买与不买之间，肯定选择不买。对于已经在消费者心中形成高价地位的奢侈品品牌来说，高价的高利润是已经造就的消费现实，突然降价反而会造成销量的大幅度降低。

对于还在为争夺价格战胜利的品牌厂商来说，陷入"低价"的行列当中，想要试图通过转变高价策略，赚取高利润的办法基本是行不通的，因为你的品牌形象已经在消费者心中根深蒂固了，他们习惯地接受你品牌的商品是以"物美价廉"占取收益，突然高价只会把原有的固定消费者吓走，所以在给品牌定位的时候一定要注意。

有一个非常著名的通过定高价策略赚取收益的成功案例：中国目前的保健品市场上所有的保健品定位都是中低档次的，一个企业的酒采用的原料就是珍贵的海马，并且有效成分在80%以上，这就是高于市场上同类品牌的关键元素，企业算上成本和基本利润之后，初步定价是在200元左右，这个定价对于当时的保健品市场是不高也不低的一个价格，对于消费者来说，这个定价就决定档次的高不成、低不就。于是有定价专家向企业领导人建议，通过对保健品海马原料的大肆宣传，提升产品的价格，走向高端保健品市场。起初对定高价持有怀疑态度的领导人，在产品推出市场一个月之后便改变了原有的看法，虽然是同一种产品的，定高价却吸引到更多的消费者前来购买，价格增加，销售量也增加，收获高利润便是板上钉钉的事情。

用"物美价廉"吸引消费者，用"薄利多销"来赚取利润的方法显然不是赚取高收益的做法，对于厂商来说，"心有多大胆、地就有多大产"，高价策略才是赚取高收益的明智之选。

第五节　假货、黑市、仿造

作为消费者，当我们斥巨资买了一件奢侈品之后，最不愿意看到出现的事情是，东西还没用，可是满大街已经都是仿造品，自己即便拿着真品出去，也完全在本已经奢侈品识别力匮乏的中国社会得不到任何的赞同，一般这时候，我们购买奢侈品的意志是非常不坚定的，甚至不知道还有没有信心坚持到奢侈品正品店里面购买。购买奢侈品其实就是希望通过高价的奢侈品得到更多的认同，但是如果购得之后完全就没有了认同感，而且还花费了自己那么多的金钱，并且在购买的过程当中，由于自身奢侈品相关知识的缺乏，鉴别能力的有限，再加上现如今日益高超的制造仿冒品的技术，真是让我们在购买奢侈品时出现"乱花渐欲迷人眼"的境地。

我们对于假货、赝品、仿冒品从来都不陌生，同时少数的中国消费者甚至再用大张旗鼓、完全没有收敛意思的配备假冒品来支持假冒产品的生产、销售,比如有人背着各种款式的LV包包,拿着仿冒各大品牌的山寨手机,鼓励用茅台的原装酒瓶来装上不知名的液体,然后冒充茅台销售。我们的社会一直存在假货、黑市和仿冒品。

虽然我们生活在充满假货的社会当中,但是我们并没有明确对于假货的真正定义,所谓假货,是指具有这些特征的商品:首先,与客观事实不符的商品;其次,得到全世界2/3以上政府承认的国际组织颁布的标准,以及年均收入在1万美元以上国家政府颁布的标准不符的商品;再次,以销售地,相当于省级以上法院得到半数法官认可的司法判决标准为假货的商品。并非所有的人都知道买到什么样的商品算是买到了假货,那些伴随着假冒制造商注重品质和细节生产出来的甚至可以以假乱真的"A货"却是让真正的奢侈品生产商都难以辨别的,更何况是消费者。

在我们的消费品社会中,高档商品的黑市交易异常猖獗,所谓黑市,是指未经政府批准而非法形成的,以交易不许上市的商品或以高于公开市场价格的价格,秘密进行买卖为其特征的市场。日常生活中,常见的黑市包括票证黑市、金银黑市、走私物品黑市等等。不法分子总是为了逃避国家关于商品的价格、汇价及有价证券市价、利率等的限制而形成各种商品的黑市交易。从传统意义上出发,或许黑市交易出现在金融行业是比较常见的,但是伴随着中国社会的奢侈品市场的兴起,黑市交易开始蔓延到奢侈品市场当中。

说起仿造品，我们更加有发言权。所谓仿造，就是模仿着制造，模仿一定的样式制造，在《萝北半月》中这样写道："我们可以抄几份图样给各队送去，让他们仿造。"在我们的市场上，一些被大众非常推崇的、评价相当高的产品都是仿造品，比如现在最流行的联系软件 QQ，是国外 ICQ 的仿造品；比如说曾经为所有仿造手机新设的一个词语——山寨手机，就是很多不知名的手机厂商对品牌手机的仿造品等等。

虽然制造假货、仿冒品并且让其进入到流通环节是作为消费者的我们非常不愿意看到的场景，但是还是有非常多的人愿意铤而走险，参与其中。

奢侈品行业暴利驱使奢侈品造假、仿造、黑市交易的盛行。奢侈品厂商热衷于打造高端商品，吸引消费者的背后告诉我们：奢侈品厂商在消费奢侈品当中收益高于几乎所有的其他行业，但是又有强大的进入壁垒，小的厂商很难在一夜之间就变成影响所有消费者的奢侈品品牌。奢侈品品牌的商品定价高、销量好、收益大，给了那些违法分子赚钱的机会。

强大的作假氛围给不法分子创造造假、仿造高端奢侈品的机会。对于中国消费者来讲，市场上早已被仿冒伪劣品充斥着，我们几乎已经习惯了在充满假货的商品市场挑选商品消费。作为世界的制造工厂的中国，没有任何一个奢侈品品牌的商品是不能被仿造出来的，市场氛围已经接受了仿造作为一个特殊的行业进入到日常消费中，给造假分子创造了浓厚的社会氛围。

越来越火热的中国奢侈品市场，消费者对奢侈品的极大追捧，给假冒品、仿造品销售提供了消费市场。中国消费者从来都是热衷于跟风的，周围的好朋友、同事拥有的奢侈品，即便想尽一切办法也想拥有，即便有的是仿冒品也不介意。消费者对假冒品、仿造品的广泛接受，给仿冒品销售创造了空间。

我们的社会出现了一种非常奇怪的现象，所有人都在唾骂那些生产贩卖假货奢侈品的黑心厂商，但是另一方面，很多人都非常积极地参与到购买、传播奢侈品"假货"文化当中来。作为消费者谁都希望，在花重金买奢侈品的时候买到的确定是真品，同时谁都希望自己在偶尔一次购买"A货"时，能够受到跟买正品一样的待遇，我们很矛盾地在这样的选择当中徘徊，但是我们至少应该懂得，在下一次接触假货、仿冒品的时候，应该怀着更加宽容的心态。

普拉达（Prada）公司的执行总裁帕特里奇奥·贝尔泰利曾经说过："被仿冒是成功的标志之一。"如果我们不被仿冒，那就意味着普拉达（Prada）及缪缪（Miu Miu）不再被值得拥有。伴随着名牌拜物教的诞生，它也催生了奢侈品的一个令人讨厌的孪生兄弟——假货，同时奢侈品的这个孪生兄弟在世界的每个角落争夺着维持它生存的资源，而且是打着它的旗号到处宣传，笼络的却是它的教徒。最具有讽刺意味的是，仿冒品甚至成了奢侈品牌成功的一个标志，甚至出现了"名牌害怕假货，但更害怕见不到仿冒自己的假货"的评论。奢侈品厂商对于假货更是又爱又恨，恨的是它在市场上靠着自己的影响力赚取暴利，欺骗自己的忠实品牌教徒，爱的是它们确实是推动了自身品牌在消费者心中的影响力。

于是那些受到假货欺骗的消费者，开始将自己在购买后的不好体验归咎到了奢侈品厂商的头上，他们不再愿意相信并且购买品牌拜物教的"祭品"，不相信真品反而转向了完全没有负担地购买假货。造成假货市场猖獗的原因是多方面的，难道就只有如同我们心中的只是单纯的奢侈品厂商没有看好它的孪生兄弟吗？当然没有那么简单，在假货市场繁荣的幕后推手当中，作为消费者的我们确实贡献最多的，如果没有我们的购买需求形成的市场，那么假货怎么流通得起来，如果没有我们的推崇，哪来假货市场的繁荣。

难道我们所有的人都愿意购买假货来欺骗自己吗？怀着虚荣心，但是又碍于口袋里面没有购买正品的钱，在需求的时候，当然是更加愿意购买价格较为低廉的高级假货。但是当我们的经济状况与社会地位都改善到足以拥有真正名牌的时候，我们还会选择购买假货吗？

第六节　宾利（Bentley）车内的无灵魂生物

汽车诞生的时候起，就一直充当着代表社会地位的奢侈品的角色，即便到了汽车演变成了代步工具的今天，依然有相当一部分通过购买汽车实现了高于一般人的身份象征，甚至带有年代感的古董车更是成为收藏家们的追捧对象，当然更能成为时下人们追求的奢侈汽车是——豪车。

在整个豪车家族里，有三大世界奢侈品牌——劳斯莱斯、宾利、迈巴赫，无论拥有哪个品牌的豪车都是绝对奢华身份的象征。以宾利车为例，宾利品牌是由宾利在1920年创建的汽车公司，开始以设计出产运动车为主，之后经过被不同的人、公司收购，但是从未改变宾利车的设计初衷，宾利车以其极尽奢华的内饰和精良的手工制造工艺，确定其超豪华的英国皇家风范，同时注重运动性。宾利车从诞生之日起，经过近百年的洗礼，品牌更加弥足珍贵，历久弥香，熠熠生辉，宾利的LOGO是展翅腾飞的"B"字，是对最强劲、永不妥协的象征，从来都是给消费者呈现出动力、尊贵、典雅、舒适、精工细做的最完美结合形象。

对中国消费者来说，宾利进入的时间不算太长，但是知名度却很高，市场上曾经一度出现疯抢宾利的现象。一次上海的豪华轿车展上，宾利年度新款车一经出现，就受到业界及顶级消费者的关注，比如 Arrange R 售价为 388 万元，"银天使"售价 398 万元，全球限量生产 170 辆，当时在华南地区仅售 3 辆，在该车推出的时候就被订购一空。经过近百年品牌历练的宾利车，早在没进入我们市场的时候，就得到了很多的关注，当然在宾利成为我们购物菜单上的可得到之物时，我们绝不会放过这样的机会。

宾利豪车在我们身边大放异彩，于是我们都开始有了"宁在宾利车上哭，不在自行车上笑"的说法，甚至愿意充当着"宾利车内的无灵魂生物"！宾利具有怎样的品质，让我们当无灵魂生物当得如此自然？

价值导向型的产品制造。宾利的制造者非常清楚优质的产品是赢得消费者青睐的一切基础，产品品质是保证优质品牌的保证，所有的奢侈品牌能够经历上百年的市场时间考验，做好产品制造是绝对的前提。在普通生产线上，已经量产的汽车，生产一辆需要花费一个星期的时间，而生产一辆宾利车却是需要花费半年的时间，宾利车百分之百的手工制造为质量提供保证，当然也是我们对于它偏爱的重要原因。

在商品经济中价值决定价格，价格围绕价值上下波动。对于宾利品牌来讲，长时间的手工制造，高技术、高品牌形象就是它有别于其他品牌的汽车价值，生产价值高直接影响宾利的价格提高，宾利的价值却是能够得到保证的。比如在划归大众品牌之后，推出的第二代欧陆 GT 型跑车，消费者看到这款车的第一眼甚至会觉得与第一代完全相同，但实际上，跑车只保留了原来的配置，重新加入了更多的设计，内侧前大灯大于外侧前大灯的前脸造型显得更加锋利和硬朗，车身加宽了 40 毫米，车尾降低了几毫米，轮拱罩变大了等等。更加细节的设计增加的是汽车的人性价值。试问有哪个消费者愿意在没有灵魂的机器设备里面呆着？这又是宾利吸引我们的原因。

个性定制服务的奢华。纯手工制作的宾利汽车，接受所有消费者的个性化定制要求，在宾利销售出去的汽车之中，有超过一半的购车主都要求汽车在宾利旗下的宾利添越（Bentley Mulliner）专业造车部门进行个性化改造，在宾利的专业改造部门里，公司聘请了 100 多位负责不同工序的世界级技师为客户改造汽车。我们一方面可以通过购买宾利汽车显示自己的身份地位财富，另一方面还能将自己的思想运用到车的设计上，比其他车能更显示个性。

宾利汽车的核心价值除了坚持纯手工制造之外，就是保持为客户提供个性化定制服务，满足奢侈品消费者所特有的苛刻需求。宾利的"特殊"定制个性化服务是世界所有汽车品牌中少有的，消费者不仅可以将买到的汽车进行改造，甚至还可以参与到汽车前期的设计当中。宾利提出了这样的个性化服务口号："在不违法的情况下，只有你想不到的，没有宾利做不到的。"

"入乡随俗"的中国式服务。在中国市场成为全球最大的消费市场之后，中国汽车市场变成了所有汽车品牌都必须进入的市场，在中国富豪对豪华轿车的需求量不断增加的时候，所有豪华汽车品牌再也按捺不住地选择了进入中国。早在2001年就和劳斯莱斯一同进入中国市场的宾利汽车，经过十几年的发展，已经取得了销售佳绩，比如2009年销售421辆，让中国市场成为宾利全世界的第三大市场，仅次于美国和英国。

我们成为了世界上消费宾利汽车的重要消费人群，我们甚至宁愿选择在"充当宾利车内无灵魂生物的生活"，是什么推动我们做出这样的选择？

首先，我们有判断是非的能力，但是我们却没有坚持对"是"与"好"的勇气。我们知道在整个社会当中，真正能够享受得起宾利这种豪车的富豪是不多的，因此那些能把宾利车开到路上的人，总是能够得到更多的关注的，我们赋予了宾利车太多的特权。我们也明白那些在宾利车内生活的人未必是生活得真正快乐的，但是我们却宁愿选择那样的无灵魂生活。我们有着判断能够在宾利车内生活快乐与否的能力，但是我们却没有坚持"是"与"好"的选择。这是宾利太多特权带来的特殊吸引力。

其次，是现实生活中，我们更加追求物质享受。在"宾利车内的无灵魂生活"或许没有精神享受，但是却带来了身份、地位的象征，或许没有人格尊严，但是却有着物质享受。在物欲横流的社会里，我们越来越注重物质享受，即便没有精神但是物质享受有了，就没有绝对本质上的是与非。

　　最为重要的是，我们相信我们在充当"无灵魂生物"之后，定会找到更好的结合点。我们总是坚信，虽然现在我们是"宾利车内的无灵魂生物"，但是我们坚信等我们的精神境界和生活品质都达到了同样高度的时候，我们将从无灵魂变成有灵魂。

第六章 "中国制造"还能走多远？

第一节 强大的"中国制造"

正如前面所说的那样，在奢侈品消费的征服期、富裕期、炫耀期、适应期和成为生活方式的五个时期当中，我们的奢侈品消费处在第二个阶段向第三个阶段过渡的时期，可以说成我们的奢侈品消费是我们生活水平刚刚富裕起来，开始想要炫耀自己的财富的炫耀式消费奢侈品。但是几乎所有的人都不愿意把自己的奢侈品消费贡献到中国自有的品牌当中，同时与世界其他的各大奢侈品相比，中国并没有足够与发达国家传入的奢侈品相提并论的品牌。

在我们刚刚富裕起来的时候，我们的市场上还没有能够帮助我们实现购买力的奢侈品牌，在那样的时代，我们富裕起来的阶层中的大多数利用去国外公干或者旅行的机会，给家人、朋友、同事带回国外的奢侈品，当作纪念。他们回来给我们分享到国外购买奢侈品的经验时，总是在最后不忘加上一句忠告，希望我们下次去买纪念品的时候，不要遇到这样的尴尬局面，这句忠告就是："千万要记住看看你带回来的纪念品上面有没有'Made in China'的字样，要不然别人会以为你是在国内买的纪念品当做是纪念品给别人的。"这个小小的印有"Made in China"的小标签，总是那么不合时宜地跳出来，带来各种尴尬，即便我们是从国外给友人带回来的纪念品，也会让这个本该很温馨的场面变得十分尴尬。

后来，太多的出国回来的人的经验告诉我们，在国外买到中国"Made in China"的商品是再平常不过的事情了，国外的那些所谓的纪念品，很大一部分都是出自于我们的生产，只是绕了个弯，又回来了而已，我们生产的产品已经进入了那些发达国家的普通百姓的家庭当中。"Made in China"翻译过来就是"中国制造"，"中国制造"是指一个全方位的商品，不仅包括物质成分，也包括文化和人文成分的内涵，中国制造在进行物质产品出口的同时，也将人文文化和国内的商业文化一起带到了国外，但是普通消费者所说的"中国制造"就只是指在中国生产的商品这个内涵了。

我们开始成了世界的生产工厂，在那些归国的人的口中，把我们的中国制造变成了世界上强大的生产基地，甚至说："看我们的中国制造多么强大，甚至走进了国外的家家户户。"其实，从改革开放以来，我们都是靠着"中国制造"走进世界各大国家，世界上几乎每个国家都在销售中国制造的商品，比如在美国，随便哪个商店里面的纺织品，像洋娃娃、T恤、袜子等等，几乎都是来自中国广州生产然后出口出去的；在遍及整个欧洲大陆的纺织品，同样也来自中国；在非洲等第三世界国家，从生活用品到生产工具，包括生活纺织品、汽车、飞机等一切，都是强大的"中国制造"。

这样的言论给我们带来的动力是非常强大的，很多人开始相信我们的制造产品是非常强大的，我们对"强大的中国制造"充满信心。

"中国制造"发展前景将会更好。在已经对全世界商品产生影响的前提下，强大的中国制造未来的发展情景仍然将很好。世界上几乎所有的消费者都具有购买"物美价廉"的商品的本性，虽然本性已经被众多的攀比性购物习惯所影响，但是改变的毕竟是少数人的消费习惯。14亿的人口为中国制造提供了强大的持续不变的人力资本，世界资本主义国家已经养成了对"中国制造"的廉价购买依赖性，在很长一段时间内，他们还找不到替代"中国制造"的商品，中国制造发展前景很好。

"中国制造"具有创新精神。从四大发明在古代中国被发明出来就可以看出，中国人从来都不缺乏创新精神，人民的勤劳和聪明才智是被世界人民称赞的。"中国制造"不等同于"中国仿造"、"中国赝品"，是中国企业通过创新减少生产成本后达到降低成本的结果，是合法的，并不是直接大张旗鼓地照抄照搬外国的商品生产,再加上"中国制造"的名头。

"中国制造"凸显中国企业家精神。欧美日韩等发达资本主义国家的企业家,已经开始习惯于靠专利赚取收益的来源,他们已经疲于思考、创造,企业家精神疲乏。反而对于靠着微薄利润竞争世界商品的中国企业家,不断地思考、勤奋地工作,做大做强企业的动力,在"中国制造"中凸显中国企业家精神。正是在中国企业家精神的带动下,"中国制造"一路走来,一步一个脚印,坚定有力,稳步而执着。

"中国制造"全球竞争力明显。"中国制造"在全球的热销已经足够凸显绝对的全球竞争力,丰富的资源和优质劳动力资源,是世界上任何一个国家都无法比拟的。绝对的生产优势造就了"中国制造"会以绝对的全球竞争力在世界商品市场上表现出强大的魄力。

"中国制造"发挥中国企业的传统优势。本土的"中国制造"企业在融入了中国文化之后,本地发展有利于形成绝对的规模化生产优势,有利于对资源的充分利用,"民族的就是世界的",具有民族特色的中国制造定能走向世界级的风采。

强大的"中国制造"是靠着我们社会怎样的特色而来的呢?

首先,中国是人口大国,"人口红利"是改革开放之前，给中国经济发展留下的人力资本。中国人口多，就业压力大，对于雇用人生产商品的厂商来说就是巨大的人力资本，在中国可以用最便宜的工资雇用到努力工作的工人，减少了制造商品的成本。其次，中国丰富的生产资料，自古以来地大物博的中国，在改革开放之前，一切资源都还没被开发、利用，比如煤炭、石油、天然气等等资源。当资源逐步被开发出来的时候，资源的丰富性让使用资源的成本变得很低，给制造产品出口的厂商提供了有利的生产条件。最后，政府支持鼓励出口，"中国制造"在成为中国商品走进国际的时候，强大的吸收就业、带动经济发展、缴纳税收等原因，让政府看到"中国制造"产业对于拉动经济发展的强大动力，于是给予很多相关企业以发展的有利条件，鼓励制造企业走出国门。

但是，我们不得不思考这样一个问题，既然"中国制造"那么强大，我们的消费者为什么还那么热衷于购买外国进入的奢侈品牌呢？我们自己的高档奢侈品牌怎么又没能进入到外国的消费市场当中呢？我们的"强大的中国制造"为什么丝毫没有给外国的这些真正的奢侈品牌带来压力呢？

我们的"制造"很强大，但是我们的"创造"却很薄弱，我们大多时候都不能创造出高档的商品，再来看看强大的中国制造进入到发达国家的商品都有些什么呢？

不难发现，那都是些简单的制造商品，或者说是没有创造力、竞争力的简单商品，比如说洋娃娃、袜子、纺织品等等，而不像是进入中国市场的高档奢侈品当中的那些昂贵皮包、限量版商品。

我们在为"强大的中国制造"进入发达国家的消费而高兴的同时，我们还要看看我们的强大是否是真正意义上的"强大"！

第二节　芬迪（Fendi）为何拒绝中国人入内

众所周知，这几年中国市场奢侈品的高速发展，所有的奢侈品牌都开始重视中国市场，他们开始将重大的项目都投到中国市场上，我们成为了他们竞相争夺的对象，他们在我们的市场上开设专卖店，采用各种方法都只是为了占据我们的市场，攻城略地就是为赢得我们的认可，同时他们也会"破天荒"地针对我们市场的特殊性，采取一些特殊的品牌宣传手法，比如阿玛尼在进入中国市场之前，通过与中国籍明星章子怡合作，打响在中国的品牌知名度，同时聘请金城武作为品牌的第一位亚洲面孔的代言人，针对不断扩大的中国市场；世界顶级豪车宾利面对中国市场时，也自行改变了营销策略，从以前的专卖店销售方式转变为到中国各处参加车展，扩大品牌影响力等等。

针对中国市场做出特殊的策略变化几乎包括了世界上所有的奢侈品牌，他们对于我们市场的看重，是众所周知的。同时我们对于各大奢侈品牌的消费也没有辜负各大奢侈品厂商，我们用购买证明了他们对于中国市场的重视是非常正确的。

当所有的奢侈品牌开始重视我们的消费的时候，我们理所当然地觉得所有的奢侈品厂商都应该针对我们的市场做出特殊的营销策略，理所当然地把我们奉为座上宾，给予一定的消费特权，我们的消费自信心得到了极大的膨胀，几乎觉得那些不让中国人进入的奢侈品展览都是不应该存在的，对于芬迪（Fendi）禁止中国人进入的行为我们尚可理解为无心之失，认为或许是他们还没有意识到我们的购买力到底有多强，但是芬迪又一次禁止中国人进入的消息从芬迪的展览会上传来，引起了我们极大的反应。

在米兰设计展上，场外核心区域托尔托纳区的安萨尔多中心举行的"坐下来"中国当代坐具设计展，是中国设计师集体亮相于米兰的第一次大作，在充满时尚浪漫风情的国际大都会，在全球众多的聚光灯照射下"中国"牌显得更加熠熠夺目。这相对于世界上其他国家的奢侈品专卖店针对中国游客甚至配备专有的能说中文服务人员的特殊服务来讲，芬迪这样禁止我们进入的行为让我们非常不理解。

在这样的事件发生后，我们开始反思，开始针对"特殊"的芬迪，做了一定的了解。芬迪是意大利著名的奢侈品品牌，1925年品牌创立于罗马，专门生产高品质毛皮制品，是最早的皮革世家，是世界上最为著名的顶级皮草奢侈品品牌，芬迪的销售范围包括高级女装、男装、鞋靴、香水、珠宝、男用香水、游泳装等等。芬迪作为世界顶级奢侈品品牌，对于逐步崛起的中国奢侈品消费市场，同样没有放弃过。亚洲的所有65间门店中，在中国香港、大陆、台湾都有分布。在2009年10月，在上海恒隆广场开业的芬迪亚洲旗舰店，就足以看出芬迪对于中国市场的重视。但是，在米兰展上禁止中国人入内的芬迪展位，却拒绝中国设计师入内，这又是为什么呢？

要剖析芬迪为什么禁止中国人入内，我们就不得不联想到强大的"中国制造"，芬迪禁止的是中国设计师入内，而不是针对中国的消费者，所有的世界奢侈品品牌对于中国消费者还是由衷欢迎的，因为那是一群极大推动所有品牌销量上升的群体，"送钱"的人有谁不爱呢？但是禁止中国设计师进入，体现出了"中国制造"在所有品牌心目中设计性弱、模仿性强的特点，这个事件也从侧面反映出"中国制造"的问题。

自主创新是每个品牌的核心，善于模仿的中国设计师们一旦模仿到了高级品牌的设计，之后将稍加改动的设计投入批量生产，导致高级品牌的商品在市场上将毫无竞争力，失去所有的价值，这便是芬迪禁止中国人入内的唯一原因。强大的"中国制造"给所有的外国品牌留下的是在模仿的基础上稍加改动、然后通过批量生产、赚取微薄利润的印象，对于中国设计品牌来讲，我们急需找到突破之路。

　　正如法国18世纪的一位美学理论家——法兰斯曾经说过的那样，对于艺术最大的伤害只有两种人，一种是不是艺术家的匠人，另一种是不是匠人的艺术家，匠人和艺术家要达到平衡，才叫做真的艺术。如果把真的艺术比作是各大奢侈品品牌生产出来的奢华商品，那么品牌设计师就是艺术家，生产设计师产品的就是所谓的匠人。中国市场上最不缺的就是匠心独具的匠人，世界生产车间正是对中国"匠人"的肯定，但是缺少的却是艺术家，尤其是具有创新精神的艺术家，在这样的情况下，善于使用"三十六计之暗度陈仓"的中国人将"中国制造"打造成偏向于"匠人"生产而非"艺术家"生产的商业产品。

　　芬迪禁止中国人入内，很多人会非常愤怒，但是我们在没有做好自己的前提下，怎样又有资格得到别人的尊重？我们的"中国制造"走出另一条发展道路便成了非常必要的前提。在法律层面，对模仿事件严加惩罚。正是因为模仿容易、创新难，才直接导致广大代表"中国制造"的企业为了减少成本，将企业的重心放到模仿而非自主创新上，而中国的法律对于模仿的界定还存在着极大的空缺，比如在家具产业超过80%的相似度才算得上是侵权，20%的创新却是非常容易就实现的事情，于是便给了很多企业抄袭模仿的漏洞。在企业层面，做其他品牌的生产车间与做自己品牌的生产车间的收益差距甚远，企业一旦自主研发成功申请相关的设计专利，投入生产将获得更大的收益，还有利于做大品牌。在消费者层面，热衷购买奢侈品的中国消费者，却对高端的"中国制造"不感冒，这便是"中国制造"打造奢侈品牌首先应该解决的问题。

我们在做好强大的"中国制造"的同时，给世界上所有的国家留下了唯一的印象"只有制造、没有创造"，而且我们的仿造能力又过于强大，我们制造出来的所谓的A货，更是精细到了奢侈品制造商自己都无法辨别真伪的地步，于是所有的大品牌都担心我们的"设计师"们，太容易在他们的发布会上模仿他们的产品，让他们辛苦的创造在尚未发挥作用的前提下，就被我们拿来模仿，以至于当真正的产品投向市场上的时候，已经没有了新意，没有了竞争力。

针对芬迪等品牌商禁止中国人进入的场面来看，我们坚信如果我们还靠着"制造"来应对各大品牌的"创造"，芬迪禁止中国人进入将不会是最后一个品牌商。

第三节　射向"中国制造"的冷箭

正如我们分析得出的结论那样，中国制造异常强大，并且以物美价廉、实际耐用等优点受到世界各国人民的广泛欢迎，"中国制造"带动我们的经济向前发展，我们正在以一种前所未有的方式影响着世界各国人民的活动，在我们的整个制造生产当中，超过50%的商品供应给外国，当然都是满足国际标准的生产，为满足国外订货商的要求，世界上任何人都不能否认中国制造成为一种影响全世界的商品。即便是为"中国制造"生产提供的原材料市场也变得异常活跃，比如在我们的生产对原材料的生产需求急剧扩大的时候，全球废金属的价格也达到了历史的新高，甚至导致世界各地的盗贼争抢着去偷窃铁质的井盖，造成各国的犯罪活动急剧上升。"中国制造"正在以一种极其特殊的方式影响着世界人民的生活。

"中国制造"已经深入到世界各地，在欧美发达国家，千家万户的普通居民生活已经离不开"中国制造"，生活的每个角落都被"中国制造"包围着，比如厨房、客厅、卫生间、卧室，生活的方方面面都被"中国制造"服务着，从衣服、裤子、袜子到吃的食品。美国资深记者沙拉·邦乔妮在《没有"中国制造"的一年》一文当中曾经说过："在经过一年没有'中国'的日子后，我可以告诉大家：没有中国商品我们也可以照样活下去，但是生活却会变得越来越麻烦，家庭开支也会变得越来越大。"

"中国制造"已经让欧洲人习惯了在中国商品的服务下生活，他们已经无法拒绝中国的产品，这是中国经济在改革开放之后30余年取得的巨大成功，1978年到2017年的39年时间里面，中国从一个闭关锁国的国家发展成为出口达2万余亿美元的世界第三出口大国，中国经济靠出口带动得到了快速的发展，一系列的"第一"表明了"中国制造"在所有国家经济中举足轻重的地位，中国出口的电视机、电冰箱、DVD、空调、摩托车、手机、钢琴、家具出口、鞋类、纺织品都是世界第一，"中国制造"影响世界的"第一"势头无法阻挡。

正当中国人以强大的"中国制造"给世界人民带来生活便利，同时拉动经济增长、赚取收益的时候，一支支射向"中国制造"的冷箭却在我们不知的地方杀得我们措手不及。

那些被"中国制造"影响着的人民似乎商量好了同时向"中国制造"发出抵制，虽然他们对于使用中国的商品已经养成了习惯，但是现在却出于某种原因对"中国制造"发出抵制，比如：在西班牙埃切尔市，居民们一改平日温文尔雅的性格，变得暴怒，走上街头，宣扬"我们要吃饭，我们要生存"、"中国人滚出去"的口号，甚至过激地用汽油等助燃剂将来自中国温州的千万鞋产品化为了灰烬，因为"Made in China"的物美价廉的温州鞋让当地的几十家鞋厂倒闭，上千上万的工人失业，生活失去依靠。阿根廷工业部部长希奥尔希甚至公开建议南方共同市场建立集体对外贸易壁垒，限制对中国产品的进口，甚至教唆美国等发达资本主义国家对中国进口的商品实施贸易壁垒，减少使用来自中国的商品。

射向"中国制造"的冷箭甚至以各种各样偏激的理由让中国商品受挫,比如早在 2007 年的时候,美国食品和药品管理局发布进口警报,声称从中国进口的牙膏等产品中检测出含量高于 4% 的二甘醇,在惊醒美国消费者慎用来自中国的牙膏、任意扣留中国牙膏产品之外,还以此缘由限制其他中国商品的进口。

对于"中国制造"中最为世界消费者所熟知的"洋娃娃"系列产品,甚至遭受了更大的"冷箭"射击。作为全球最大的玩具公司的美国美泰公司旗下的子公司费雪公司曾经向美国消费品安全委员会提出自愿召回来自中国的玩具达到 98.7 万件,这次回收玩具事件对中国的玩具生产厂家来说是致命的打击,厂商因为没有了订单甚至面临着倒闭的危险。但是这次的玩具召回事件远还没有结束,两周之后,美泰公司第二次宣布在全球召回 1820 万件中国玩具产品,收回件数规模更大,影响范围更大,一度威胁到中国整个玩具生产行业,也给世界上所有国家造成了"中国制造"就是质量存在问题的印象,目的就是为了阻止"中国制造"进一步对该国经济造成影响。

"中国制造"在与外国产生贸易的时候,经常遭遇各种"反倾销"的限制。所谓"反倾销"是指一个国家对外国商品在本国市场上的倾销所采取的一种抵制措施,一般采用的方法都是对外国商品征收除了进口税之外的附加税,使其失去物美价廉的特征,不再具有竞争力,实际上就是对外来商品的一种所谓"正规"的抵制行为。受到"中国制造"影响的国家，努力寻找各种各样的"反倾销"借口，对中国商品进行限制。比如在欧盟的反倾销案初步裁定中，来自中国的1400多家陶瓷企业都逃脱不了被增加高额税负的命运，从原来的5%上升到36.6%甚至是临时性的73%的关税，这显然就是欧盟为了不让中国陶瓷制品进入欧洲市场故意而为之的抵制行为。

射向"中国制造"的冷箭远不如此，世界各国采取了各种各样的方法来抵制"中国制造"，据相关资料显示，过去的15年时间里面，全球达到35%的反倾销调查和71%的反补贴调查都是针对中国出口商品，世界上平均每七起反倾销案件中至少会有一件是针对"中国制造"的商品，对中国采取反倾销的国家和地区除了美国、欧盟、日本之外，甚至还有印度、土耳其、阿根廷等新兴市场国家，它们形成的联盟已经开始了对"中国制造"的大规模抵制行动。

我们可以看出，在那些抵制中，无论从国内居民正面的示威游行、喊口号抵制，还是到国家政府层面的"反倾销"加以天价的关税，目的都是抵制"中国制造"对其国内经济的影响，遏制中国商品在世界范围的影响力，射向"中国制造"的冷箭不断被创造、更新，为了抵御无所不用其极的抵制"冷箭"，"中国制造"应该走出不一样的发展道路。

我们在遭遇了别人的抵制之后应该反思，我们的产品很强大，但是为什么还遭遇各种抵制，我们应该怎样将我们的制造做得更加强大，以至于别人根本没法采取抵制措施？正如芬迪禁止中国人入内一样，我们的强大中国制造正面临着一样的窘境。我们除了从"制造"变成"创造"之外，别无他法。

采取积极应对的国际法律武器，维护自身权益。在积极应对外国不知从哪里射来的"冷箭"的时候，中国也取得了一定的成功，早在2003年的时候，温州15家打火机龙头企业由行业协会组织，终于打赢了中国加入WTO以来第一场反倾销官司，这不仅仅是一次简单的胜利，标志着中国制造企业通过国际法律途径，积极应对不合理的反倾销要求，维护自身的权益。提高自主创新之路，提升"中国制造"在其他方面的优势。应对非关税壁垒，提高自主创新之路，调整出口商品的整体结构，促使产业升级，增加产品的科技含量，不能紧紧依靠物美价廉来打开国际市场，将人力资本优势转化为不断创新的优势，将"中国制造"打造具有核心竞争力的商品，建立具有中国影响力的国际品牌。品牌的树立对于中国企业来说是直接打击国外抵制中国商品的最为有力的回击，树立民族品牌的同时，我们将获得产业链当中的更多利润。

第四节　山寨思路的死胡同

中国消费者对山寨肯定毫不陌生，我们生活的商品社会就是被山寨产品包围的社会。在竞争激烈的中国商品市场上，"山寨"走出了一条特殊的发展道路。山寨是中国最为特殊的一个社会词语，意思就是盗版、不正规，一般用于某些品牌东西的假冒品。但是中国商人却以"山寨"文化走出了一条发展之路。

走上中国的大街小巷定能看到无数的"山寨"品牌，比如几乎与国外快餐一样的营运模式的"啃德基"、"乡村基"，消费模式虽然相同，但是照样每个店面的顾客门庭若市；被误以为是阿迪达斯的高端品牌"阿迪王"，实属是打着阿迪达斯的擦边球，依然受到消费者的追捧；"宝马"牌采用航空材质制造的电动剃须刀、中国版耐克——李宁、超级难喝版的红牛——斗牛等等，将整个山寨市场填补得精彩万分。

"山寨"手机把中国的山寨文化发挥到了极致。从2001年开始，山寨手机萌发于深圳混乱的手机市场中，生产者给自己的手机取了各种品牌名字，手机功能确是应有尽有，经过一段时间的发展，山寨手机行业形成了一套相对完整的产业链和销售链，在中国的大小市场上，都可以看到山寨手机的疯狂销售场面。山寨手机以其低成本、全功能、非主流、质量好等优点，在不到几年的时间，就占领了中国手机市场的大半壁江山，山寨手机进入到中国普通老百姓的家庭当中，市场占有率一度高达 1/4，甚至走出国门向亚非拉国家手机市场进发。

中国的"山寨"一度有超过大型品牌的趋势，比如在山寨手机盛行的时候，进入到手机卖场购买手机的消费者，一度看不到任何品牌机，所有的手机导购员都只会给你推销各种不知牌子为何意的功能强大、价格便宜的手机，品牌机在卖场上完全没有竞争优势，销售业绩直线下降；比如由快乐大本营的著名主持人——何炅代言的一款山寨手机，价格只要 777 元，可以买到相当于 iPhone 七成的品质，却与 iPhone 有着一样的风采，"明星代言＋价格便宜＋名牌风采"为这款山寨手机赢得了收入满钵的喜人成果；针对文明世界的可口可乐公司的山寨可乐，无论在产品形态、口味、价格上，还是在产品营销渠道、宣传方法、定位、品牌传播上都是可口可乐的最大山寨，但是依然获得了成功；再比如在中国低端汽车市场上销售得非常火爆的比亚迪、奇瑞等汽车，从汽车外观形态到核心配置都是模仿本田雅阁、凯美瑞、奔驰 S 级轿车，却依然得到中国消费者的热衷追捧。

火到不行的山寨产品，在中国走出了特殊的产品品牌营销道路，形成了属于"山寨"的发展思路。无论山寨还是品牌能得到消费者的认同，把产品销售出去，就是好的品牌。

普通的电视广告、报纸杂志广告、街头路演或者品牌发布会对于以价格低占据市场的山寨品牌来说，都是一笔支付不起的成本，从来没有哪个山寨品牌愿意用宣传手法来营销产品，没有拓宽知名度的山寨品牌又是以什么特殊的营销发展思维占据绝对市场的呢，山寨的发展思路究竟是怎样？

电视广告直销营销。盛极一时的电视网络购物上，富有激情的促销主持人在不断地推销着它的产品，那句"998，只要998，黄金钻石比例，赶快打电话，打电话就送，送完即止……"电视广告直销是午夜山寨销售的最佳时段，如出一辙的宣传方式，山寨品产品之间没有任何的识别度，但还是以低价限时的电话抢购方式赢得消费者的认可。

网络购物营销。中国最大的销售网站——淘宝网的流行，带来了网络销售的极大发展，除了淘宝网之外，还有当当网、凡客网、亚马逊等等网站的流行，山寨品牌利用发展起来的网络电子商务大肆推销。随着网络的流行，采用网络购物的消费者数量变得越来越多，山寨在网上的销售成绩非常好。甚至习惯于网上购物的消费者，都不相信出现在网上的品牌商品，总以为所有的产品都是山寨。

经销商笼络销售。对于销售商来讲，销售赚取利润也是经销商工作的最直接目的，所以对于经销商来讲，利益更高的产品就是他们的选择。品牌产品对于经销商的定价都是稳定的，销售价格也是实码标价，获利空间不大，相反，山寨产品以其低成本的优势，给了经销商极大的发展空间，山寨出售价格也从不实行明码标价，弹性大，经销商获利更多，更愿意选择销售山寨产品。

展览营销。针对目标市场，山寨品牌采用大规模的展览活动，快速销售产品。品牌产品的管理较为严格，办理展览的审批手续较为复杂，需要多部门审批同时共同协作才能完成，但是山寨却很简单，找对市场就行动，快速获取收益。

低成本营销。中国市场上存在着大量的低收入群体，他们的购买力不够支持销售高档的品牌商品，而低成本的山寨产品却赢得了这部分人的青睐。短渠道、低成本的营销，更多地让利于一线消费者。

所有的山寨的发展思路给了山寨品牌在市场空缺的时候，赢得了发展的空间。当山寨产品在市场上获得大丰收的时候，似乎所有的山寨营销方式都是正确的。我们不得不承认，在iPhone手机出现在公众市场上的时候，所有的山寨手机立即失去了竞争力，即便再便宜仍然在失去原有的市场占有份额。山寨的发展思路钻入了无品牌、仅靠价格低营销发展的死胡同。

精明的中国山寨品牌把山寨发展到了两种最高的境界，一个是靠生产低劣产品，却以容易引起误会的品牌标识吸引消费者，比如 NCKIA、SUMSUNG 等等。另一个是生产的产品从外观到功能都是在模仿大品牌，甚至可以做到以假乱真的地步，但是就缺少自主创新的体现。

即便伴随着这么多的特殊营销方法的山寨产品，在中国社会上创出了一片天地，但是当乔布斯的真正 iPhone 面世的时候，那些"牛"到不行的山寨产品通通都靠边站了，靠着价格的低廉，模仿那些大品牌这只能是山寨产品的发展死胡同。

树立品牌是山寨思路的出路之一。没有品牌意识的山寨产品只能靠着低价吸引消费者，占最低额的产品收益，这是最大的发展死胡同。市场竞争越来越大，山寨产品之间靠着打价格战竞争，收益将会变得更小，甚至是做赔本的买卖。同时在不侵权、不违法的前提下，山寨产品不占据任何的品牌优势，树立品牌才是山寨未来发展的出路。

自主创新是山寨思路的出路之二。山寨产品的功能虽然强大，但是所有的山寨产品的功能都是相同或类似的，没有核心竞争力，山寨品牌自主创新能力太弱。山寨品牌通过适当的自主创新，开发出属于品牌特有的功能、特性，在未来才有一定的发展。

第五节 从"制造"到"创造"

经济学中常用"微笑曲线"来阐述生产企业所处行业

在整个生产链中占到的比例，微笑嘴型的一条曲线，两端朝上，在产业链汇总、附加值越高的行业就表现在两端，比如设计和销售，而处于中间环节的制造就是附加值最低的行业。

附加值的高低直接关系着企业所在的行业所能够赚到的利润的多少，处于中间的制造行业的企业，行业附加值最低，生产获得的利润也最低，全球制造业也已经进入供过于求的市场环境，竞争也逐步加大，企业的利润空间十分微薄。而处于微笑曲线两端的高研发和营销的行业，处于整个行业产业链的上游，因此可以轻松地获取最多的企业利润。

"中国制造"在成为世界的生产车间的时候，就占据了"微笑曲线"中的最下端，以低附加值的制造业打通通往世界的大门。虽然强大的"中国制造"在成为全世界人民生活必不可少的商品的时候，也最大限度地赚到了世界人民的钱，靠外需拉动了经济的高速发展，但是现如今各国政府采取各种"反倾销"措施，让本来就在产业价值链最底层的"中国制造"雪上加霜。"中国制造"依靠着原来的发展方式将越来越难前行。

从"微笑曲线"中我们可以清楚地看到，"中国制造"占据着最低端的位置，要在困难面前，在曲线上就可以找到发展的方向，那就是朝着"微笑曲线"的两端发展，一方面是靠研发拉动企业核心竞争力的提高，占据市场的绝对地位，另一方面是靠营销增加商品的附加价值，提升产品的盈利空间，简单来说就是从"中国制造"到"中国创造"的发展道路。

中国已经有很多企业在从"制造"到"创造"的这条道路上取得了成功，给其他还处在"微笑曲线"最低端的企业做了好榜样。比如：在中国IT界具有绝对品牌优势的企业——华为，在20世纪90年代，华为也同一般的"中国制造"企业一般，靠着最低的人工成本，占据在同类产品中的低成本优势，产品质量高、大规模的生产等附加优势，让那个年代的华为在国际品牌中占据绝对的价格优势，企业很快得到了最大的发展。但是作为华为企业的领导人，根本不甘心于赚取最低价值链中的生产制造利润，于是他们雇用IBM的咨询师们到华为为他们指导发展方向。在IMB咨询师的帮助下，华为迅速通过大规模的市场营销人员在市场中占据服务优势，为客户提供快速而周全的贴身服务。同时，华为招聘了大量的具有高创造力的人才，从事自主研发工作。在经过10多年的发展之后，华为已经从众多"制造"企业中脱颖而出，绝不再是靠着低廉的大规模生产赚取收益，而是在研发和营销获得利润双赢的企业，甚至作为中国企业的代表走出国际。

华为的成功道路给众多的"中国制造"企业指引了方向，同样是在"微笑曲线"中为企业指明的方向，往微笑曲线的两端发展，从"制造"到"创造"才是"中国制造"

企业唯一的发展出路。

我们过去总是以为"制造"和"创造"的企业都是在从事商品的生产工作，卖出商品赚到钱就是生产的最直接目的，但是"制造"和"创造"却有着最本质的区别，最大的区别在于企业所生产的产品中有没有自己的知识产权，就如"微笑曲线"中的研发过程在企业中存在与否。拥有自主知识产权的企业生产叫做"创造"，通过对技术申请专利权、商标申请商标权等方法让研发出来的具有核心竞争力的创造转化为知识产权。专利权、商标权、著作权都是受到法律保护的，别的制造企业要生产你企业创造的知识产权就需要向你缴纳一定的费用。拥有知识产权的创造型企业无论到哪个国家都能赚到最大比例的收益，比如"苹果"公司，平均每卖出一台iPhone手机，就可以抽取58.5%的利润，而替苹果公司生产iPhone的大量制造企业只能获得可怜的1.8%的利润，其实苹果公司就是提供了iPhone的设计理念、相关创造，最为辛苦的却是将苹果的创造转化为生产线上的规模生产的制造企业，但是获利相当微薄。

拥有自主知识产权的企业总是占据着整个产业链的高比重价值环节，提供最好的服务同样是获得高额收益的重要方法。在过去我们消费不讲究消费体验，消费服务也不考究服务质量，但是随着生活水平的提高，对生活质量中的精神追求也逐步加大，我们开始愿意用更多的钱买服务、买享受、买尊重、买消费体验。

　　世界上每一个靠工业发展起来的城市，都开始了向靠服务业发展带动产业发展的转变，作为与人们生活息息相关的服务业，靠的是为人民提供无形的服务享受获得赚取高额收益的权利，"制造"企业通过提供更好的销售服务，也是对价值链的延伸方法。比如，中国电脑行业中的代表企业——联想的成功营销就完全可以证明提供更好的服务，同样能战胜国外品牌的案例。联想的主营业务是生产、销售电脑，在中国电脑市场上，电脑品牌有"苹果"、惠普、东芝、宏基、华硕、同方等，显示出百家争鸣的竞争局面，作为众多品牌当中比较不为起眼的联想却实现了重大的突破。具体做法是通过中国百年奥运打出奥运营销的理念，推出几款与奥运相关的电脑产品，在奥运之火烧得旺盛的时候，一举获得巨大成功，品牌优势逐渐凸显。作为电子产品，产品的售后服务是消费者选购产品的重要考量方面，联想在售后服务部大量投入，聘请专业的技术服务支撑人员，为顾客购买联想产品解决后顾之忧。在这基础上，联想收购了国际电脑品牌IBM，品牌得以壮大，现如今联想从"制造"企业转型为"创造"型企业。

　　当文化创新产业为制造业带来更好发展的时候，"制造"企业做好创新非常重要，从品牌设计创新、营销理念创新、专利创新、定位档次创新到产品总体形象的创新，可以帮助企业以新的形象展示在消费者面前，从低端走向高端。

  传统的"中国制造"都集中在电子产品零部件加工生产、纺织品加工等行业，在这些行业中通过自主研发申请知识产权、获得专利，通过提供能增加附加价值的周到服务都是完全可行的方法，从"微笑曲线"低段走向两边的指引道路非常明确，在"制造"企业的坚持下，中国从"世界加工工厂"向"世界供应工厂"转变将不再是梦想。

第七章 如何把水卖到黄金的价格？

第一节 拉菲的"中国价格"

作为中国消费者，酒对于我们来讲从来都没有陌生过，从封建时期就盛行的酒文化，以酒论诗、以酒会友等活动曾经是各朝各代文人墨客、将军战士的最爱，他们在酒的带动下创造出了代表各种情怀的绝美诗篇，酒一直伴随着我们的日常生活。酒被分为很多类，包括葡萄酒、白酒、蒸馏酒等等，法国人以葡萄美酒抒发浪漫之情，而我们大多偏爱白酒带来的真情实感，甚至我们的老百姓当中，很多人愿意用钱买酒而不是其他的东西，酒在高兴时可以助兴，在难过时可以浇愁。酒文化一直伴随着我们国家的文明发展，今天，我们依然有着诸如茅台、泸州老窖、五粮液等精品白酒品牌。

似乎我们自己都不能理解白酒能够给我们带来多大的效用，甚至也不了解我们可以在多大的范围之内接受白酒，即便是在生活的其他方面没有得到保证的时候，我们尚可以将很大部分的钱用来买酒。伴随着改革开放，我们在生活水平得到了提高的同时，对于外来事物的接受度也越来越高，当然来自西方国家的各种酒更是深深地影响着爱酒的我们。

已经进入中国市场的"洋酒"品牌很多，包括 XO、拉菲等高档品牌洋酒，也有像木图、玛歌、奥比昂等中低档洋酒品牌等等，所有洋酒品牌在与中国白酒品牌竞争酒市场的同时，为我们提供了更多的消费选择。在中国高档红酒消费市场上，我们对于拉菲的名号显然一点都不陌生，拉菲甚至已经成为一种身份的象征。在各种应酬场合挑选声名显赫、被人熟知的世界顶级红酒品牌拉菲是所有有钱、有身份人的选择，我们热衷地追逐着消费拉菲，对于拉菲，我们甚至赋予了它绝对的身份象征，如同在冯小刚的电影《非诚勿扰》中，一位成功人士——谢子言在相亲过程中，显摆自己的地位和权力，在接过美女递过来的红酒说道："长城干红吧？味儿太薄了，缺少内涵，我都是喝拉菲的。"饰演谢子言的演员通过这句台词把演员的得瑟、显摆样表现得淋漓尽致，而拉菲就是显摆提升的资本。

我们热衷的拉菲，是目前世界上几大奢华高档葡萄酒品牌之一，不仅我们喜欢全世界爱酒的人都喜欢，它以其自身世界顶级的优秀品质感动着世界消费者。在面积为90公顷的拉菲庄园里，平均每公顷种植着850棵葡萄树，葡萄树的年龄都在40岁以上，葡萄树的种植方法非常传统，基本上不使用化肥和农业，在果实成熟时候，进行人工采摘和筛选，所有的工序都是由经验丰富的老工人执行，对品质保持着最高的要求。为了确保生产质量，拉菲每年可供流通的数量都是有限的，根据拉菲的官方网站消息显示，拉菲平均每年的产量在1.5万箱到2万箱之间，按照瓶单位计算的话也就是20万瓶左右。拉菲每年都是按照指定的分配途径，将所有产出来的酒分配到世界各地，除去与酒庄合作的全球各大王室的订单，流入市场的总共不超过19万瓶，其中三分之一配给了欧洲，三分之一配给了美洲，剩下的三分之一配给了亚洲。在亚洲，中国内地和香港总共每年的配额是在4万到5万瓶之间。

我们对于拉菲的喜爱，简单地从年消费量大大超过它的供应量就可以表现出来，光是东莞一家知名的五星级酒店平均一年就可以销售出4万瓶拉菲，广东地区销售量高于配额的5倍以上，浙江地区一年消费拉菲的量达到配额的30万倍，福建地区销量也达到10万瓶。

钟爱于拉菲的我们，不仅在消费量上实现了消费大于供应的不真实消费，甚至对于拉菲独特的"中国价格"，我们也轻松地接受了。在2010年香港苏富比拍卖行的拍卖中，3瓶1869年生产的拉菲拍卖出了世界上葡萄酒最昂贵的价格记录——每瓶182万港元。以高价拍卖到这3瓶拉菲的消费者，当然知道3瓶拉菲已经失去了真正的实用价值。我们本土的白酒价格上涨相对于这些年拉菲的价格上涨来讲，就真的算得上是小菜一碟了，在10年时间之内，拉菲价格增长率高达857%，就连空酒瓶都卖到2000至3000元，但是我们仍然在不间断地扩大着对拉菲的消费。

我们怎么就接受了10年间价格增长率高达857%的拉菲呢？怎么即便是针对我们所标出的"中国价格"也轻易就接受了呢？怎么就明明知道有多半的可能消费不到正品的时候，依然毫不犹豫地选择拉菲呢？

拉菲不断做出努力顺应我们高档酒消费市场上升的需求。对出现在中国市场的时机把握得非常准确，在中国消费者对高档奢侈品购买力变得足够强的时候，以弥补中国高档红酒市场空缺的姿态进入到中国市场中，满足相应社会阶层的购买需求，正如LV、香奈儿、雅诗兰黛等奢侈品牌在中国同样取得销售佳绩的原因一样，进入中国市场就是拉菲的正确选择。

拉菲的高档性给我们消费时给足了面子。现如今我们对拉菲的崇拜，已经超过了对红酒年份、分数和酒质的崇拜，只剩下对拉菲品牌的崇拜，比如在副牌Carruades de Lafite（小拉菲）的热烈追捧上就完全可以表现出来，在中国一级酒庄和二级酒庄之间表现得相当抢手的"小拉菲"在其他国家根本就无人问津。拉菲的名气给足了爱好面子的中国消费者选择的理由，那就是高贵身份的象征。

拉菲的优秀品质带来顶级享受。正宗的拉菲生产过程非常考究，生产数量和分配到每个市场的数量都是受到严格限制的，品质的保证提供消费者绝对的红酒享受。绝对的品质保证，满足中国消费者对于红酒品质不断上升的要求，品质保证是消费者愿意用高价购买的根本出发点。

拉菲不断增长的收藏投资价值。近几年拉菲不断上升的价格，给收藏、投资拉菲创造了机会，再加上拉菲本身的稀缺性，让投资理财意识不断上涨的中国消费者创造投资创收的渠道。

拉菲针对我们做出的特殊营销方法。来自国外的其他葡萄酒品牌非常羡慕拉菲特殊高价热销，积极效仿拉菲的营销方式，对于中国白酒行业来说采用相关的借鉴，同样可以把中国白酒卖到特殊的价格。比如中国的高档酒——茅台，除了是白酒品牌之外，与拉菲有着非常多的相同点，高档奢侈之路相当明显，将白酒卖到超出拉菲的价格，实现越贵越畅销的销售梦想。

我们可以争抢着购买市场上昂贵的拉菲，可以不计较拉菲是否涨价太过于厉害，这包括了买卖双方的共同意愿，拉菲做好了品质，在特殊的时候，可以给我们消费者带来独特的效用，这便是我们最为直接的可以接受"拉菲的中国价格"的原因。不仅是拉菲，只要是市场上任何一件商品在销售时做好了这两者的最好结合，价格就不再是我们纳入考虑的范围，我们除了欣然地接受价格之外，还会抢着购买。

第二节　顶级服务就是"量身定做"

我们的消费习惯一直伴随着腰包里钱财多少而发生着变化，大家都还没有钱的时候，追求于统一的中山装，求的是统一而不被落下的时代追求，但是现如今，大一统的审美观念显然跟不上时代的步伐，我们更多的是追求时尚、展现个性，因此在这样的大背景下，那些能够在市场上占据优势的厂商也发生了根本的轮转，从靠着国家计划经济的经销社为主发展到以自主创新企业带头，这都是顺应我们的消费观念改变而改变的。

那些原本靠着规模化生产降低生产成本从而赚得更多收益的企业在与专门化、个性化的服务的竞争中显然败下阵来，一个生产模子里面刻出来的商品早已经达不到我们的追求了，个性化的商品、为自己量身制作的、世界上独一无二的商品才会得到我们的青睐。那些适应我们个性化需求的，靠着为我们量身定做生产世界唯一商品的企业，逐渐在竞争中崭露头角，赢得了与传统规模化生产企业的竞争，并且缔造了是奢华而非简单的平凡、普通。

维尚作为为我们"量身定做"家具的企业，收获了巨大的成功。

前身为圆方软件公司的维尚在进入家具行业的时候，采用的顾客个性定制服务，为企业获得了圆满的成功，主张"平价优质地出手随需定制的家具产品"的客户价值的维尚,当消费者在终端店面选购好家具之后,通过电脑直接进入生产后台的订单,维尚的软件会对订单进行直接的拆单生产,这是有别于传统的家具生产的一般流程。在拆单之后,把产品分为无限多的子模块,子模块越多,个性化性质的元素也就变得更多,最终产品组合也就越多。维尚的这种家具定制服务一经推出就在有一定经济基础、对家居生活质量有个性化要求的年轻消费中赚到了极好的口碑,亦有超过靠消费者自行组装家具而文明的宜家的趋势。维尚作为一个家具行业的新入者,通过对消费者的个性服务把握,成功地赢得了市场,赚到钱就是自然而然的事情了。在世界奢侈品品牌当中,同样存在着不少通过为顾客量身定制打造顶级奢华的成功品牌。

高级宾利汽车靠着为我们"量身定做"汽车,缔造了非凡的奢华汽车。

宾利在打造顶级奢华的车世界时,最为成功的就是为客户提供"量身定制"的个性服务。作为世界上三大顶级豪车品牌之一的宾利车,以奔跑速度最快著称,但是却以个性化的"量身定制"受到消费者的追捧。在车的色彩方面,客户可以根据自己的喜好选择车的颜色,宾利公司提供21种标准的颜色供客户选择。除此之外,宾利还可以根据客户的具体要求提供其他颜色,比如舒马赫的宾利汽车,就是亚光黑色;比如沙特阿拉伯的公主选用银做座椅,同时在上面镶上金色的圆圈；甚至还有其他顾客选择在车内的皮革内饰上选择少有的粉红色，宾利都可以满足顾客的要求。宾利甚至提出了这样一句为顾客提供个性化服务的口号："只要在不违法的范围内，只有客户想不到，没有宾利做不到。"现如今宾利车的用户已经占据了最有社会购买力的顶层，英国女王伊丽莎白登基50周年的庆祝典礼上，使用的御驾就是宾利精心打造的State Limousine车，从此宾利就成为英国皇室的御用座驾以及迎接外宾的国宾车。好莱坞的明星们也逃不出宾利的诱惑，他们都是宾利的忠实爱好者。新兴国家的富豪新贵们都以拥有一辆宾利车为荣。宾利就是豪车中靠着"量身定做"赢得消费者青睐的品牌典范。

LV凭借"量身定做"打造了全世界的奢华箱包之旅。

作为第一批进入中国市场的世界级奢侈品牌，LV经过20年的发展，占据了中国奢侈品消费市场的半壁江山，从进入开始，LV就在针对中国市场的不同做着顺应市场的变化。在LV刚进入中国市场时，中国市场上并没有太多的消费者对奢侈品消费有很深的了解，那时候所有消费的购买动力都是看品牌的影响力，LV凭借着在国际奢侈品市场上的成功一举获得了中国消费者的心。随着消费者奢侈品消费观念的不断改变，LV也把针对世界其他发达国家消费者的最高服务带到中国市场，那就是为消费者"量身定做"，虽然奢侈品系列产品都是限量生产的，但是对于花了大价钱购买它的消费者来说，世界上就是存在着与他购买的相同的产品，比他得到独一无二的商品而获得的感觉完全不同，LV靠着特殊的服务，完全占据着中国消费者的心。甚至为了体现入乡随俗的服务理念，LV为中国人打造了品牌产品——麻将。中国是世界上唯一一个拥有麻将文化的国家，LV这一举动让华人了解到该品牌对中国消费者表示的亲切和尊重。

无论是家具、汽车还是消费用品的企业，在缔造奢侈的道路上，都是顺应我们的消费观念改变而调整的，都是让我们在经历奢华时，享受个性、独特、唯一的顶级服务，不仅是我们钟爱这样的"量身定制"的顶级服务，世界上很多的成功人士也是这顶级服务的最忠实粉丝。比如英国威廉王子和凯特是穿着特地量身定做的礼服走进他们的婚礼现场的，他们带动了这股"量身定制"的奢华风吹向了全世界。

现如今所有奢侈品消费的顾客都不在意顶着奢侈品牌的大LOGO为真正的奢华享受，欧美的各大时装庆典、各大奢侈品卖场，都以"量身打造"把低调的奢华缝制到能够散发贵族底气和能量的服装当中，"量身定制"越来越受到全球各界成功人士的大力追捧，比如好莱坞影星汤姆·克鲁斯、意大利前总理贝卢斯科尼、法拉利的总裁等等名流的服装都是出自一个叫做奇洛·帕雷斯塔的缝纫大师和他的团队，这位一生都没进过有机器的厂房的缝纫大师，靠着自己的双手纯手工"量身制造"成就了世界顶级奢侈品西服品牌——格纹（Kiton），而格纹奢侈品牌的打造，靠的不是奇洛·帕雷斯塔一个人的努力，而是格纹所有坚持纯手工打造量身服务的缝纫大师，这其中也包括他的父亲。

所有的厂商在缔造奢侈的道路上都应该看到，消费者的消费诉求才是最为重要的原因之一，厂商不要试图通过很多混淆视听的方法，比如限量发售来让我们变得麻痹，我们追求的是个性，即便是再怎么限量发售，我们还是会为这个世界上还存在着几个相同的产品而耿耿于怀，我们现在要的不是限量，而是独一无二，是这个世界上的唯一。抓住这样的消费理念之后，缔造奢华、赚取收益对于厂商来讲都只会是手到擒来，轻松地就获得了。

第三节　给顾客镀一层"名门"的金

我们的社会发生了改变，伴随着经济的发展，我们到底改变了些什么东西呢？这些改变在影响我们的消费时，发挥着怎样的作用，以至于我们的消费发生了具体什么样的转变？总的来讲，经济的发展给我们带来了直接收入的增加，也就是我们的钱多了，俗话说腰包鼓起来了。在我们的收入增多的时候，我们除了改变日常的消费之外，还留下一部分钱来让我们追求时尚、显示身份、凸显个性，于是我们的消费理念开始改变，我们也不再以"勤俭节约"为根本的追求出发点，这样的传统消费观念逐渐被我们摒弃了，我们也不再强烈地抨击那些制造"朱门酒肉臭、路有冻死骨"的所谓"有钱人"，替代的是我们更多地羡慕身份、地位，即便这些思想都被批评为"浮夸"，但是我们生在一个"浮夸"的社会，大多人都不是愤青，于是便只剩下顺应了。

我们购买商品已经不再是注重它真正的使用价值，而是看它能给我们带来多大的"面子"，能够给我们创造多大的荣耀，我们把外表的东西看得更加重要，羡慕那些出身"名门望族"的少爷、小姐，名门的光环已经让他们得到了所有人的羡慕。正如你在一个无法改变的环境下生存，除了选择适应周围的环境之外没有任何其他的选择一样，顺应是千古不变的生存之道，这样亘古不变的真理同样适用于高速发展的市场经济社会，当面对"名门"观念已经渗透到血液当中的一个民族时，品牌商业要想得到长久的发展，顺应满足我们的期望便是另一个"真理"。

曾经无数研究消费者的消费心理成果表示，在收入水平提高的时候，疯狂增加的奢侈品消费的重要原因中就包括我们炫耀财富、爱好面子的消费心理。受到"面子文化"、"炫耀性文化"影响至深的我们，在从崇尚节约、不铺张浪费的过程转向崇尚"洋品牌"的奢侈品消费道路上，已经走到了无可改变的地步。我们甚至相信过去的那些有钱人都不是真正的有钱人，他们不是不消费高档奢侈品，而是财富太少根本消费不起高档奢侈品，而如今我们不是浮夸的消费奢侈品，而是真正买得起奢侈品。

我们对于"名门"的热爱，早早地就被具有战略眼光的品牌商充分利用了，他们通过在商品市场上为我们镀一层名门的金，从而轻松地在缔造奢华的道路上收获了巨大的成功。

比如来自意大利的著名奢侈品品牌——阿玛尼在进入中国市场之后打开中国高档奢侈品消费的营销策略，就是利用给消费者镀层"名门"的金获得成功的重要代表。靠着卖掉福特汽车的资金为品牌启动资金的阿玛尼，其创始人乔治·阿玛尼和他的合伙人在经过45年的发展之后，缔造了属于阿玛尼人的时尚王国，从单一的产品发展到整个家族拥有多个不同的系列，实现几十亿美元的销售，成为世界顶级奢侈品家族中的重要一员。

阿玛尼的营销策略从最开始就显得与众不同，从最初的做好莱坞电影的服装到后来邀请对当地具有绝对影响力的明星代言产品，阿玛尼缔造高档品牌之路似乎就是为中国特殊的消费氛围量身打造的，阿玛尼的这种高档的宣传策略是从发达欧美国家传递到中国市场的，宣传效果带来的影响力却超过世界上任何一个市场。

作为后进入中国市场的奢侈品牌，阿玛尼或许自己都没有想过能够受到如此多消费者的关注，甚至阿玛尼自己都不明白，通过明星带动的效应何以在中国市场反应最为激烈，或许是"弄巧成拙"式的成功，有点出乎意料，但这一切又都在情理之中。时刻关注"名门"生活的中国普通消费者，在拥有与名媛们使用同样产品的机会的时候，当然毫不犹豫地选择拥有，便是为中国消费者提供的最为合适的消费选择。阿玛尼的成功给了试图创造中国奢侈品牌的企业家们一定的启发，在中国市场上，或许你销售的产品显得有些普通，但是通过给消费者镀层"名门"的金，照样是迎合高档奢侈品消费的消费者的消费诉求，典型的成功例子就是史玉柱的"黄金"产品营销策略。

电视广告中一堆穿着热带彩裙舞服装的动漫老头老太太，扭转着夸张的身体，唱着让消费者记忆深刻的广告词："今年过节不收礼，收礼只收脑白金"，就是在这个广告成功之后，中国消费者开始接触到名字叫"脑白金"的保养品。如果硬是要找出这个保养品与其他保养品的区别，那么最为突出的就是这个宣传广告所起到的独特效应。有着与其他保养品几乎相同的成分，但是价格和销量却呈现正比上涨的脑白金，满足的就是消费者高档"名门"的消费愿望。

史玉柱的巨人集团，并非是做着实业成长起来的，这个"巨人集团"靠的是创新产品宣传营销变成巨人的，史玉柱深知中国消费者的心理，给产品镀一层金就换得营销的成功。在中国人都知道的三大名酒茅台、五粮液、泸州老窖的情况下，"巨人"所宣传的另一款酒依然赚得盆满钵满,首先"巨人"给酒取了一个看上去就显得出身名门的名字——黄金酒,其次在做广告宣传的时候,卯足了劲儿往"名门"上靠,最后定了个来自"名门"的身价。

在"巨人"大厦还未倒塌的时候,巨人集团已经利用"镀金"的方法,获得了相当大的成功。试想如果昨天的"巨人"今天还在,中国自主品牌当中是否已经有了与世界奢侈品牌相竞争的品牌呢?问题的答案我们不得而知,但是却可以在"巨人"的身上学到给消费者"镀金"来换取营销的成功,虽然"巨人"成功的历史难以重演,但是历史却可以惊人的相似。模仿、借鉴"镀金"的本事,创造奢侈高贵的成功。

中国消费者的"名门"消费观念既然没有因为几千年的社会发展而改变,那么肯定在未来的很长时间将继续主宰、决定着中国消费者的消费习惯,对于如何将国外奢侈品牌最好地投放到中国市场?如何将中国本土品牌打造为世界级的顶级品牌?品牌如何在日益激烈的市场竞争中"明哲保身"?所有问题的答案都只有一个,那就是通过品牌给消费者镀层"名门"的金。

第四节 杰尼亚(Zegna)后面的500双手

在一般的商场里面,如果整栋商场有五层楼,那么肯定有四层楼都在销售女士服装,一般的品牌都会把男士的消费忽略掉，或者说没有女性消费那么重视，这是女性在伴随社会发展而争取更多利益的重要表现，女性在生活和工作当中起到越来越重要的作用，这让她们完全可以自由地支付自己赚到的钱，同时女性又特别爱注重自己的打扮，随时都把大量的时间和精力放在了自己是否能够给别人留下好的印象上面。因此很多的大品牌都把目标客户定位到女性消费者身上，同时品牌的产品也几乎都是女性产品，时装、箱包、化妆品、饰品等等，而且女性非常乐意向其他人分享自己的购物体验，同时也帮助品牌宣传起到非常好的作用。

当大部分的大奢侈品牌都针对女性市场的时候，更加喜爱华服的都市男士异军突起，要知道，只有雄性孔雀才有艳丽的羽毛。所有男性内心深处的爱美气概被唤起的时候，男性奢侈品市场繁荣比女性市场有过之而无不及之势。香港本土男性时尚杂志《Zip Homme》的主编温迪曾经说过："过去，如果男人要买衣服，一定要找女友或者太太代劳。"但是随着男性内心深处爱美观念被唤起，男人们在衣着打扮上是"越来越有胆量了"，伴随着他们职业从原本的银行、律师、财务等转变到经营时尚酒吧、餐厅、美发店、艺术画廊甚至DJ等等，这些工作都给他们提供了足够打扮自己的理由。

环顾周围我们会发现，当下的男人与女人一样喜欢服装，不过他们不像女士那样在衣服的颜色、款式、用料上过多选择跳跃，他们更加注重服装的设计、做工，就是所谓的细节，同时纯手工的生产也更能激发他们的热情，引起他们的注意。当机器化的规模生产完全不再被我们所追捧的时候，定做的、手工的将更能打动有钱男士的心。杰尼亚（Zegna）就是靠着500多双手的纯手工打造而创造的男士奢侈品牌之一。

世界著名男装奢侈品牌杰尼亚就是服装奢侈品牌当中专为男性消费者服务的品牌，它1901年诞生于Trivero-Biella小镇上，那个时候最好面料都是来自于英格兰和苏格兰，英国便成为当时世界顶级面料的垄断国家，但是杰尼亚却采用从原产地收集最好的原料纤维开始，进而开发全新的生产系统，最后在面料上缝上自己名字的标签，这样杰尼亚品牌就迅速打开了海外市场。以面料生意发展到20世纪60年代末的杰尼亚开始把面料加为成衣推向市场，从此之后，杰尼亚就一步一步走向了世界顶级男装的奢侈品牌的领导者，现如今杰尼亚集团年产量达到200万米纺织面料、35万套服装、100多万件运动装和150万件各式服装配件。

杰尼亚在打造成为世界顶级的男性奢侈品牌的道路上，拥有了很多独特的成功品质：

注入古板的"正装"新鲜的血液。已经超过100岁的杰尼亚在面对新锐竞争对手40岁的凯卓（Kenzo）和略显年轻的15岁RafSi-mons的时候，杰尼亚却以自身独特的品牌优势占据着顶级男装品牌的霸主宝座。一直以来,关于男士"正装"争论都没有停歇过,争论的焦点集中在男士正装应该是绝对的正式还是稍加休闲、宽松的正式,杰尼亚很好地将这两个不可调和的争论做到了最好的结合,将"参数化定制"模式加入到意式、美式的西装生产中,不计较"苛刻"的版型,让原本属于绝对正装的西装进入了更多的"场合"。

明星推动西装的普及。早在20世纪中期的时候,美国《纽约客》中就对以杰尼亚为首的来自意大利的"西装入侵"做过大篇幅的报道,已经退出美国消费者日常生活的西装重新回到选择菜单中。杰尼亚把目标群体定位在穿得起高级定制西装的明星和神秘商人,强势的好莱坞面孔和娱乐符号带动了杰尼亚变成世界消费西装的人的重要选择。美国前总统克林顿、法国前总统密特朗、英国王子查尔斯、好莱坞影星卡拉克、阿拉伯石油商人等等世界名流都以追求"上进"的成功男士形象对杰尼亚表示疯狂的"追求",几乎世界上最为成功的男士都是杰尼亚的粉丝,各界明星以自身的爱好鼓舞着世人对杰尼亚的追捧。

但是最为重要的还是纯手工为消费者打造顶级的西装定制。据统计,几乎世界上最为顶级的裁缝都在杰尼亚,虽然在机器化早已代替纯手工生产的年代,杰尼亚依然坚持纯手工制作打造顶级的男装。

在2011年杰尼亚进入中国市场20周年的纪念秋冬时

装秀上，一道墙上特殊的"杰尼亚私家统计学"的字幕如同T台上模特展示的新款服装一样，受到了所有人的关注。字幕上显示的是杰尼亚生产每套服装需要完成的工艺指数流程，杰尼亚从牧场上购买原料，原料加工生产，最终销售给顾客，整个流程下来经过了538双手，这才是真正的纯手工制作。在没有看到杰尼亚官方给出的制衣工序的时候，大部分人都只知道杰尼亚是手工制作的高级品牌，至于是手工精细到怎样的程度，确实没有人知晓。高达538双手的加工，给足了一直钟情于杰尼亚的成功人士面子，证明他们的选择是正确而又精明的，同时给还没有选择杰尼亚的消费者一个更好的选择。

在可以在较短时间内，就买到中意的现成品的时候，男性消费者为什么还愿意特意等上一段时间？在机器生产还没能进入主流的生产行列的时候，所有人的衣服都是靠着手工制作的，花费更多的劳力，等待更长的时间，那是因为我们没有更快的生产方式，可是现如今我们可以更快、更便宜地买到靠机器生产的服装的时候，为什么我们却反而钟爱手工制造了呢？

这一切都是因为手工制造的商品能够提供更多的消费效用，手工打造虽然更加费时，但是却能够体现出做衣服人的用心，较于机器而言更富有感情，更加注重细节。手工制造按着购买人的身材来量身打造，能够凸显我们更多的身体特点，遮蔽那些不愿意暴露出来的缺点，这是所有机器生产都无法做到的。总的来讲，手工打造的衣服穿起来更加舒服，更能凸显我们的特色，同时更能彰显我们与众不同的地位，显示独特的消费品位。

当我们有能力消费为自己量身定做、手工打造的杰尼亚的时候，我们谁还愿意消费由机器生产出来的不合身的衣服？手工制造本身就是一种奢华，更何况是靠着500多双手打造出来的杰尼亚。

第五节　把成功穿到身上

显示一个人成功的方法多种多样，无论是在事业上还是其他哪个方面的成功，表现方式总是可以丰富多彩，比如你工作的职位，别人从你职位的高低便能清晰地判断出你的成功与否，当然越是成功的人，头衔越是更高，在向别人介绍自己时递上的名片上的几个诸如"总经理"的大字，便会让初次见面的人感慨你的成功；你使用的物品也是展示你成功的重要方法，当周围的人还在使用"山寨"手机的时候，你的"苹果"便是区别于别人的成功，当周围的人还在开着QQ车炫耀的时候，你的宝马跑车便能显示成功，当你背着用重金买下的LV包包时，即便不认识你的人都能够看得出你已成功……

当一个民族不断地向前发展，人们看待事物的见解也在发生着巨大的改变，从崇尚内在、含蓄的美发展到对秀外慧中的追求。我们生活的圈子总是有限的，接触到的人总是在一定范围之内，每时每刻都在接触陌生人，当我们无法透彻地看出他的内在成功的时候，我们仅能凭借他外在使用的东西窥探他是否成功。哈珀·李在《杀死一只知更鸟》中写道："你永远无法真正地了解一个人，直到你站在他的角度思考，直到你变成他肚子里的蛔虫。"

　　社会进入快速化发展阶段，人们的生活节奏也极剧加快，更是减少了用以捉摸人的成功的时间。我们通过他使用的东西来判断他是否成功，我们也开始养成了用使用的东西来标榜自己成功的习惯。当我们开始思考怎样把银行存款转化为别人实实在在能够看得到的成功，尊重自己的地位的时候，西方奢侈品牌就开始进入到我们的选择列单中。如果一个人挎着一个价值1000美元的香奈儿包包，那么这就显示了她的成功，但是如果有另外一个人拿着价值超过2000美元的Hermès柏金（Birkin）包的话，所有人都会认为这个人比前一个人更加成功。

　　森严的社会等级标准渗透到了人们的血液当中，虽然已经没有了按照最为严格的出身、家族、地位、职业来划分社会阶层，但是阶层观念却无时不在影响着人们的日常生活，人们巧妙地把社会地位的等级的衡量标准转化为"以财富论英雄"、"以附属品论成功"的方式上，单一化的衡量标准让人们不再担心不好的出身、家族、地位、职业，只要赚到了钱，就是成功的，就会得到别人的尊重，而赢得别人尊重的方式就是把成功穿在身上。

这解释了为什么作为顾客的我们更加愿意忍受奢侈品销售员的无礼对待，解释了为什么在香港，无论富豪巨贾还是平民百姓都有一只甚至几只瑞士手表，解释了为什么年轻的白领把LV当做进入职场的必需品，解释了为什么未成年少女为了奢侈品愿意参与到各种坏事当中，解释了为什么在中国的各大名牌商店开幕的时候，成百上千的人排队等候买单的热烈场景，甚至提前几天去排队。他们等候品牌旗舰店开张时买到象征成功的商品，每当经过消费热潮席卷之后的旗舰店的时候，剩下的似乎是一片狼藉，货架上的皮包、钱夹、钥匙环就如被扫荡过一般，非常干净。而这样的消费盛况几乎在每个奢侈品牌在中国开店的时候都会上演一次，北京的LV旗舰店、上海的香奈儿旗舰店、成都的雅诗兰黛专柜、香港的阿曼尼旗舰店等等，奢侈品牌所到之处，必然掀起奢侈品消费波澜。

顺应时代发展，填补高档消费空缺，进入中国市场的国外奢侈品牌获得了双赢的局面，一方面配合了中国消费者"把成功穿到身上"的消费愿望，另一方面成功地把品牌渗透到东方人的意识当中。但是对于西方奢侈品而言，进入一个全新的消费市场，虽然市场表现出了前所未有的发展潜力，但是针对市场的特殊消费愿望，做到"入乡随俗"便显得十分重要。

现在中国市场上几乎所有的顶级奢侈品牌都是来自欧

洲发达国家，中国人的思维模式与欧洲人存在着本质区别，所以了解中国人的消费心理就变得十分迫切。表面上中国消费者都愿意一掷千金换得名牌包包、鞋、手表、衣服、首饰、豪车等等，但是强大的购买欲望怎样被品牌所用，这便是奢侈品厂商已经解决的问题。奢侈品牌了解到中国消费者的炫耀性、满足面子、显示成功，顺应消费者的消费心理，把握好市场，奢侈品牌无论到哪个城市获得成功便都是必然的事情。

奢侈品营销的顺应中国市场与中国人的"把成功穿到身上"消费心理做到了完美的结合，据相关调查显示，在奢侈品进入中国市场的20年时间里面，人们消费奢侈品的理念、行为已经完全实现在购买量上，在20—40岁的女性消费者中，超过80%的人拥有或是正在筹备购买象征成功的奢侈品，并且对于奢侈品的品牌没有太多的计较，无论是LV、阿玛尼、古驰、普拉达，还是其他奢侈品品牌。显示成功的奢侈品消费已经席卷了整个中国。

中国企业也在试图打造属于民族自主的奢侈品牌，但是目前为止，即便是中国品牌中较为高端的产品都难以被中国消费者当做象征成功的商品用到身上，对于中国奢侈品而言，还有长远的道路可走，还有很大的困难需要克服。但是中国品牌俨然已经赶不上中国市场消费奢侈品的潮流，中国社会的奢侈品消费已经蓄势待发，无法抵挡。

2011年中国消费者在国内奢侈品市场上贡献了多达100

多亿元的销售额,这还只是中国消费者在奢侈品市场上花费的1/4,中国消费者对于购买奢侈品把成功穿到身上这件事情非常热衷,足够的动力已经促使中国奢侈品消费超过美国,成为仅次于日本的世界第二大奢侈品消费国家,如果继续按照这样的速度发展下去,中国将在不久的将来成为世界上第一大奢侈品消费国家。

显然,那些为奢侈品消费总额贡献力量的中国消费者,在佩戴上成功的标志——奢侈品的时候,获得的满足感、受到的尊重,是他们坚持继续购买奢侈品的最根本动因。

第六节　嗷嗷待哺的市场

如果要用一句话来形容现在中国消费者在消费过去不敢奢望的奢侈品时的状态,那么肯定是手头阔绰、出手大方、愿意花钱、敢下手花钱。如今的中国消费者一改过去穷酸的形象,消费奢侈品时相当豪爽、果断、不纠结,以一种震惊世人的态势厚积薄发。

在中国消费者如此豪爽地消费带动下,中国奢侈品市场表现得非常好,即便在全球经济受到经济危机的影响变得萎靡的时候,2009年中国奢侈品市场依然实现了16%的增长率,承担起世界奢侈品消费发展的重任,之后的两年,奢侈品消费发展更为迅速,甚至超过了美国,"风华正茂"的中国市场活力四射,发展强势而明显,据麦肯锡预测,到2020年的时候,中国消费者将拿下全球奢侈品市场的25%—30%以上的消费份额,将带动中国奢侈品市场发展成为世界第一的奢侈品市场。

为了满足中国消费者的奢侈品消费,占领异军突起的中国奢侈品市场,世界各国的顶级奢侈品牌在中国市场上打响了攻城掠地的无硝烟战争,全球最负盛名、最高端的品牌都开始看重这个发展中国家的高端市场,每个品牌都用自己特殊的方法进行这场市场争夺战。比如LV从1992年进入中国市场初期,对中国市场并没有表现得多么重视,只是简单地在北京、上海等地开设了专卖店或旗舰店,直到2006年全国都只有6家店,但是在中国市场表现出强大的购买力的时候,LV再也按捺不住了,开始了在各大城市疯狂开店的举动,经过短短的5年时间,LV的专卖店已经开了36家,不仅遍布一线发达城市,二三线城市也是LV抢占市场的重要阵地。

中国的奢侈品消费者主要有这么几类,第一类是"奢侈品消费的楷模",他们富有、年轻,追求时尚、个性,习惯典型的奢侈品生活方式,他们具有超强的奢侈品购买力,是企业的老板、高层管理人员、富二代、星二代等等;第二类是"时尚狂热者",他们虽不是传统意义上的富人,但是他们却有着超强的市场购买力,他们愿意把几个月的工资积攒起来,消费奢侈品;第三类是"中产阶级进取者",作为中产阶级,他们有着最好的发展前景,偶尔挥霍购买奢侈品也是为了实现某种特别的目的。

在这三类奢侈品消费者的购买支持下，中国的奢侈品市场就实现如此大的突破，那么在中国社会源源不断的消费大军突起的未来，中国奢侈品市场将具有更大的能力。中国人口多，发展速度快，人们观念更新快，奢侈品消费必将成为未来消费者消费选择的主流，现在的中国奢侈品市场只露出冰山一角，处于嗷嗷待哺的状态。

正如刘邦在总结自己的时候所说的一样："论运筹帷幄之中，决胜千里之外，我不如张良；论抚慰百姓供应粮草，我不如萧何；论领兵百万，决战沙场、百战不殆，我不如韩信。可是，我能做到知人善用，发挥他们的才干，这才是我们取胜的真正原因。至于项羽，他只有范增一个人可用，但又猜疑，这是他最后失败的原因。"所有品牌想要在嗷嗷待哺的中国奢侈品市场上占据绝对的优势，还有很多的努力需要付出，很多的营销策略需要创新，很多的精力需要投放。

看到中国奢侈品市场未来的发展前景之后，无论是世界已经很有名的奢侈品牌，或是中国本土想要打造奢侈品牌的厂商来讲，都是机会同时又是充满挑战，为了赢得未来市场的胜利，各大品牌需要做到不一样的品牌策略，成为奢侈品行业的掌舵者。

保证产品工艺的高级层次。消费者对于产品的要求越来越高，简单而无特色的商品逐渐处于被淘汰的边缘，奢侈品牌要在消费者变得越来越挑剔的市场上，站稳脚跟，保证产品的工艺是根本。高档的工艺包括产品在材料上、做工上、设计上，所有考究的品质表现出来就是奢侈品总体工艺的高档水平，正如星巴克的成功秘诀之一就是精选的咖啡豆、纯手工现磨，所有咖啡的品质都有保证，才让众多的星巴克迷即便在高价时也会选择消费星巴克。

使用特殊的品牌宣传传播手法。虽然进入中国市场的奢侈品品牌都算得上是具有相应的品牌效应，但是在最大限度地打响中国市场的路上，依旧努力用功，比如无论在内地市场还是在香港市场的劳斯莱斯，都雇用专业的品牌营销团队，在主流媒体上投入巨资广告，在户外做各种宣传，以期取得最好的宣传效果。对于尚未在中国消费者心中树立品牌优势效应的中国高档品牌而言，宣传更是打造奢侈之路上的重要环节，通过借鉴成功品牌的营销方法，汲取经验，对品牌进行不断提升和优化。

磁性的服务维护客户热情和品牌忠诚。正如磁铁一样，自身带有磁场，对周围的带铁的物品拥有天然的吸引力，奢侈品品牌最高端的服务就是发展成为像磁铁那样具有"磁性"的服务，消费者像铁一样自然而然地被吸引到消费场所，进行消费。而在练就"磁性"服务的过程当中，品牌必须做出符合消费者喜欢的商品，比如在商品颜色、外形、质感等方面多加考究，同时还能在独特的产品中体现消费者的身份和地位。

保持动态信任。永远追求满足自身消费效用最大化的消费者，在选择消费奢侈品的时候，不会永远忠诚于哪一个品牌，因此对于奢侈品厂商而言，保持消费者动态就成为长久维持消费者忠诚的关键。消费者的信任来自于真实，那是在品牌为消费者提供真实的商品、真实的服务时培养的，信任来自于沟通，品牌与顾客的沟通来自于吸引——品牌魅力的吸引。

关注客户深层次心愿。会做表面功夫的品牌，能够在短时间内吸引住消费者的关注，但却不是留住客户的保证，因此品牌上做好对客户深层次的心愿和希望的挖掘，满足客户内心深处的需求，才能稳固忠诚的客户。

"感召力"服务。中华民族的大爱精神总是让人民的内心在受到"感召"的时候，做到更为惊人的忠诚，做得再好的服务对于消费者来说都是厂商应该做的，那是你为了赚钱而必须付出的努力，但是如果加以"感召力"服务，会让你的品牌在众多竞争品牌中脱颖而出。

"惊喜式"服务。人总是因为惊喜而倍受感动，品牌更加富有"人情味"的服务，表露的是对顾客的热情，同时也是在传达与消费者做朋友的信息。

提高客户自主参与。在给予式的消费模式不能满足消费者对高档奢侈品消费的期望的时候，在商品的设计、生产过程中提高消费者的自主性，通过向消费者授予权利，邀请消费者参与到整个产品制造过程，提供特色的服务，留住消费者将不再是问题。

显露勇气，彰显个性。"磁性"服务在显露品牌创新勇气的同时，彰显出选择品牌消费的消费者的个性，单纯、简单、纯正是对深厚底蕴的消化阐述，不再矫揉造作的方式，是打造品牌在嗷嗷待哺的中国市场上屹立的绝招。

图书在版编目（CIP）数据

卖贵：缔造名牌的商业策略 / 高雯琪著. —北京：中国商业出版社，2017.12

ISBN 978-7-5208-0137-9

Ⅰ.①卖… Ⅱ.①高… Ⅲ.①品牌–企业管理–研究 Ⅳ.① F273.2

中国版本图书馆 CIP 数据核字 (2018) 第 018537 号

责任编辑：王　彦

中国商业出版社出版发行
010-63033100　www.c-cbook.com
(100053　北京广安门内报国寺1号)
新华书店经销
江苏常熟新骅印刷有限公司印刷

* * *

890 毫米 ×1240 毫米　32 开　6 印张　108 千字
2018 年 7 月第 1 版　2018 年 7 月第 1 次印刷

定价：39.80 元

* * *

（如有印装质量问题，请与发行部联系调换）